讀心 停、看、聽

讀懂人心
關鍵的
63種方法

目錄

CHAPTER 1

觀察身體反應，可瞭解心理活動

CHAPTER 2

如何判斷對方的主導感官

CHAPTER 3

服裝潛臺詞

CHAPTER 4
淡妝濃抹皆有玄機

目錄

Chapter 1

觀察身體反應，可瞭解心理活動

01

精神和生理是一個硬幣的兩面

頭腦中的每一個想法，都會引發一連串的生理反應。咬嘴唇、摸鼻子、揉眼睛、摩擦前額、摸脖子、傾斜身體、抱手臂……這些動作都是我們一直在做的。你可以花一點時間觀察一下周圍的人，你會發現他們也經常做這些動作。但可曾想過他們為什麼做這些動作？又可曾想過你為什麼會做這些動作？這些問題的答案就藏在我們的大腦裡。

當你思考時，大腦會發生電氣化學反應。為了讓你產生一個想法，很多腦細胞必須根據相應的模式互相傳遞資訊。如果你的腦中存在既有模式，那麼腦細胞就會按照這個模式產生與過往相似的想法。如果你的腦中沒有既有模式，你的大腦就會創建一個嶄新的模式或者神經細胞網路，讓你產生一個嶄新的想

觀察身體反應，可瞭解心理活動

法。

腦中的模式不僅會讓你產生想法，同樣會影響你的肉體，改變你體內荷爾蒙（如內啡肽）的分泌，引起自主神經系統的變化，例如呼吸急促、瞳孔大小的變化、血壓升高、出汗、臉紅，等等。

頭腦中的每一個想法都以這樣或那樣的方式影響你的身體，有時候這種影響非常顯著。例如，當你感到恐懼時，你的嘴唇會發乾，湧到大腿的血液會增加，以便幫助你隨時逃跑。有時候，身體所起的變化很細微，難以被察覺到，但是它們的確存在。例如：當你撒謊時，你可以儘量讓自己保持「臉不紅心不跳」的狀態，但是你還是會不敢直視對方的眼睛，這樣看似不經意的迴避，也是你無法避免的，它是由頭腦中的想法控制的。

那頭腦中的想法是如何引發一連串的生理反應的呢？這與我們大腦的邊緣系統大有關係。很多人都知道自己擁有一個大腦，也知道這個大腦是他們認知能力的基地。事實上，人的頭顱中有三個「大腦」，每個大腦都有著不同的職責。它們合併起來就形成了「命令加控制中樞」，後者駕馭著我們身體的一切。一九五二年，一位名叫保羅．麥克林的科學先驅提出，人類大腦是由「爬蟲類腦」（腦幹）、「哺乳動物類腦」（邊緣系統）和「人類大腦」（新皮質）組成的三位一體。

大腦邊緣系統對我們周圍世界的反應是條件式的，是不加考慮的。它對來自環境中的資訊所做出的反應也是最真實的。邊緣系統是唯一一個負責我們生存的大腦部位，它從不休息，一直處於「運行」狀態。另外，邊緣系統也是我們的情感中心。各種信號從這裡出發，前往大腦的其他部位，而這些部位各自管理著我們的行為，有的與情感有關，有的則與我們的生死有關。

這些邊緣的生存反應是我們神經系統中的硬體，很難偽裝或剔除——就像我們聽到很大的雜訊時試圖壓抑那種吃驚的反應一樣。所以，邊緣行為是誠實可信的行為，這已經成為了公理，這些行為是人類的思想、感覺和意圖的真實反映。

觀察身體反應，可瞭解心理活動

一九九九年十二月，美國海關截獲了一名被曾作「千年轟炸者」的恐怖主義分子。入境檢查時，海關人員發現這名叫阿默德的人神色緊張且汗流不止，於是勒令他下車接受進一步詢問。那一刻，阿默德試圖逃跑，但是很快就被抓住了。海關人員從他的車裡搜出了炸藥和定時裝置，阿默德最終供認了他要炸毀洛杉磯機場的陰謀。

神色緊張和流汗正是大腦對巨大壓力固有的反應方式，由於這種邊緣行為是最真實的，海關人員才能毫無顧慮地逮捕阿默德。這件事情說明，一個人的心理狀態會反映在身體語言上。

一般來說，當邊緣系統感到舒適時，這種精神或心理上的幸福就會反映在非語言行為上，具體表現為滿足和高度自信。然而，當邊緣系統感到不適時，相應的身體語言就會表現出壓力或極度不自信。這些身體語言將說明你瞭解社交對象和工作對象的所思所想。

所以，人不可能在思考的同時不發生任何生理反應，人的大腦邊緣系統會將我們的想法以身體語言的形式「洩露」給其他人。這意味著，只要觀察一個人發生了哪些生理反應，就能知道那個人的感覺、情感和想法是什麼。

02 人們身上發生的任何事情，都會影響精神活動

我們在一生中有過很多經歷，很多經歷會留在我們的腦海中，這些經歷往往和強烈的情感狀態有關，比如快樂、憎恨、愛、歡喜、背叛、憤怒、緊張，等等。當我們回想起以往的這些經歷時，不僅事件本身歷歷在目，當時的感受也記憶猶新，就像它們剛剛發生過一樣。有時候，我們即使記不清當時事件的具體內容，也能回憶起當時的情感。例如，中國著名房地產商潘石屹在他的著作《我用一生去尋找》中描寫了這麼一段情感記憶：

感覺傷害我最深的人，是我小學時剛加入紅小兵的那天，把我提出來批鬥的那位老師是我的一位遠房叔叔，這個遠房叔叔，我記恨了三十四年。小時候，我的學習特別好，考試總考一百分。但我因為家庭成分的原因，小學四年級的

時候才加入紅小兵，老師剛把紅領巾給我系上時，我很高興，就跟旁邊的同學說話。學校規定開會的時候不讓說話，我叔叔就當著全校一百多位同學的面，把我拎起來放在講臺上站著，還有調皮的同學往我身上吐唾沫，下面的同學都在笑，我在哭，好幾個老師都說讓我下來，他就是不讓我下來。我在全校唯一的講臺上站了一、兩個小時，這對我來說是一個很大的侮辱，是永遠忘不了的事情。

當時，我覺得像世界末日一樣，感到沒有臉見自己的親人了。一直到前些年，我都不能原諒他，幾乎到了無法理喻的程度。前些年我給我媽媽買了一個輪椅，買了後發現有一個臺灣生產的輪椅更好更輕巧，我就買了這個臺灣輪椅給我媽媽用，把原來買的大輪椅閒置了。有一次我回去發現大輪椅沒了，就問輪椅哪兒去了。我爸爸不敢說，我媽媽說送給你叔叔了，你叔叔的腿有點問題。我一下子勃然大怒：「你為什麼送給他呢？」把我們家裡人都嚇壞了。

你可以想一下這記恨有多大，它在三十多年後還能操控我的情緒。現在他離開人世已經許多年了，我卻還在記恨著他，有關他的印象還不時地跳出來控制著我的大腦，折磨著我，時不時地在我的大腦中分泌出一些不愉快的物質。

最後，潘石屹把這位叔叔和其他讓他記恨的人的名字寫在一張清單上，把這張清單燒了，讓這些仇恨隨著火焰消逝，最終消滅了心內的仇恨，解放了自己。

任何發生在人們身上的事情都會影響精神活動，正如叔叔對潘石屹的這次傷害，讓他深受打擊進而心生仇恨。以至於他看到叔叔，甚至想到叔叔就感受到那種仇恨的情緒。不要誤以為潘石屹心胸狹窄，其實人人都是一樣的，當一件事情給你帶來深刻的影響時，你也會長久不能忘懷。例如，你遠遠地看見某一個人，就本能地感到不喜歡他，直到偶然間你才想起這可能是因為他曾經冤枉你偷摘了花園的花，或者是因為他穿著和那個冤枉你的人一樣的上衣。

像這樣因為偶然看到某件上衣而引發回憶中的情感反應，被稱為心錨。

我們之所以在無意識中把某種事物或經歷與某種情感聯繫在一起，就是因為這些事物或經歷的出現引發了特定的情感記憶。發生在我們身上的事情對我們的情感留下很多的印記，於是我們隨時隨地都會碰到心錨，比如遠在異鄉時吃到家鄉菜，會勾起我們對家鄉的回憶和思念；聽到熟悉的歌，會使我們回到當初被它打動時的心境；當翻看畢業照時，我們會想起那一張張青春陽光的笑臉；當我們進醫院時，會想起曾經某位親友在這裡診治傷病的痛苦，而覺得悲從中來……

心錨不僅會讓我們想起特定的記憶，也會與強烈的情感聯繫起來。在這裡，我們感興趣的心錨不是那種引發回憶的心錨，而是可以觸發人們不同情感狀態的心錨。你如果知道別人無意識中隱藏著什麼樣的心錨，你只需要去引發它們，就能影響對方的情感。當然，你不能懷有惡意地去觸動別人的心錨，例如故意揭別人的傷疤，或者有意地讓別人難堪。

我們不妨在別人身上創造出新的心錨，讓他一想起你就有快樂舒服的情感。你可以在與對方聊天的時候，保持快樂陽光的狀態，說一些讓大家快樂高興的話題，再附上一則笑話，讓對方在交談中感到快樂和輕鬆。那麼，以後每當他看到你的時候，都會有一種高興的心理，因此對你有比較好的印象，以後打交道也就容易多了。

總之，發生在人們身上的事情都會影響他的精神活動，你要想瞭解或者掌控對方的心理或是情感，可以從那些發生以及即將發生在他身上的事情著手，這是讀心術的一大準確資訊來源。

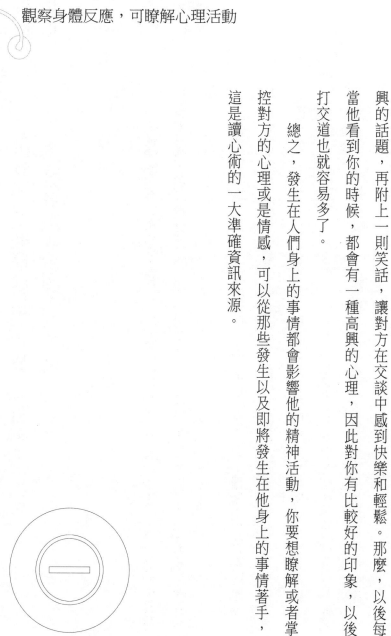

03 啟動與某種情感相聯繫的肌肉，就會啟動相應的情感

不僅我們的身體語言會反映出我們的思想，反過來也是一樣，我們的身體也會影響我們的精神活動。因為思想並不只是發生在大腦中，思想也發生在整個身體之內。

就拿情感這一精神活動來舉例，如果你啟動了與某種情感相聯繫的肌肉，你也會啟動並經歷相應的情感，甚至是相應的精神活動，而這些又會反過來再次影響你的身體。正如演員演一個憤怒的人的時候，他會強迫自己皺起眉毛、怒視前方、咬緊嘴唇，等等。透過做這些當人感覺憤怒時臉部肌肉會自然而然做的動作，演員啟動了自己的自主神經系統，進而產生了憤怒的情緒，讓自己

觀察身體反應，可瞭解心理活動

融入角色。而這些情緒又會再影響他的身體，這也就是為什麼有些演員演完戲以後還不能從角色中出來的原因，他們被角色的情緒影響太深了，以至於不能控制自己的身體語言。

所以，身體和思想的影響是雙向的，正在進行的思考會影響身體，而身體的任何變化也會影響思考。精神和生理是一枚硬幣的兩面，是相互依存、相互影響的。透過觀察他人的身體反應，我們可以瞭解和掌握他人的心理活動，成為一個出色的讀心者；而透過啟動對方與某種情感相聯繫的肌肉，我們可以調動起對方強烈的情感體驗，控制對方的喜怒哀樂。

當你的朋友和愛人陷入憂傷、抑鬱、悲痛的消極情緒中時，你不妨使用自己的身體語言來說明他們趕走低落的情緒。例如，在一個因遺失錢包而心煩的人面前，你千萬別跟著他一起愁眉苦臉，不如給他一個溫暖的微笑，並說一些安慰的話語。當對方看到你誠摯的眼神和溫暖的微笑時，會不自覺地把撇下的嘴角收起來，甚至學著你的樣子將嘴角輕輕上揚，這個時候，一股暖流透過你的身體語言傳遞到他的身上，再傳遞到他的心裡，丟錢包的低落感能消散很多呢！

再比如你的同事因為工作進展不順利而情緒低落，你的勸慰不管用，不如學習那些勵志人士最喜歡使用的姿勢——舉起你的小臂，握緊拳頭，這個動作將你的鼓勵和信心傳遞到你的同事身上，他給你回應同樣的動作時，必然會感受到這個身體動作所帶來的信心和勇氣，進而擁有更多的正面能量，將失落心情漸漸驅除！所以說，你的身體語言是具有治療效果的，你可以運用它來幫助他人轉變消極情緒，帶領對方進入你想要的積極陽光的心理狀態。

你的身體語言會影響他人的身體語言，進而影響對方的情緒，所以，在與別人交流時，你一定要注意自己的身體語言，不要給別人的情緒帶來不良影響，而致使交流受阻。例如：當別人在發表意見時，你不要把頭轉到一邊或者嘴向下撇，這些動作都能顯露出你想打斷談話的意圖，是對別人的不尊敬，因而對良好的交談投出致命的一擊。

同樣的，如果別人發現你在談話中扮鬼臉、皺眉頭或搖頭不信，他很可能也會跟著皺起眉頭，會停下交談，或至少改變談話的方向，這對對方也是一種傷害，對其情緒有著強大的不良影響。

記住，你可以透過綜合使用動作、表情等身體語言不斷地影響對方的身體語言，在其腦海中留下你的情感的烙印，加強對方的情感體驗，隨後就能準確而快速地點燃你想要的情感狀態了。但是，千萬不要錯誤使用你的身體語言，對別人的情感造成不良的影響。

另外，身體語言的使用也要有度，不是任何消極情緒都是你能用身體語言去影響和改變的。例如，沉浸在悲痛中的人需要讓其沉浸一段時間。悲痛是一種讓人們保存能量、對引起悲痛情緒的事件進行心理消化的狀態。如果你對真正經歷著悲痛心情的人做出一些積極快樂的身體語言時，那麼他需要心理消化進而繼續前進的這個心理狀態就會被你打亂甚至被封鎖起來，這對他的恢復和發展都是不好的，因此在這種情況下，你最好讓對方沉浸在悲痛但必要的心理狀態中一段時間，讓他自己進行心理消化，逐漸走出陰霾，重獲更多的陽光。

總而言之，身體語言和情感之間聯繫非常緊密，在與人交流的過程中，你一定要謹慎使用自己的身體語言，讓自己正確適當的身體語言引發對方的適當情感。

04

人際溝通中九〇%的非語言資訊被忽略了

美國心理學家Dr. Albert Mehrabian曾提出「七／三十八／五十五定律」：當人們進行面對面溝通的時候，會使用到三個主要的溝通元素——用詞、聲調，還有肢體語言。所謂的「七／三十八／五十五定律」，指的就是這三項元素在溝通中所擔任的影響比重。用詞占七%，聲調占三十八%，肢體語言占得最重，是五十五%。從這個定律中，我們至少可以明白這樣一個道理，在面對面的溝通中，說話內容是最不重要的，身體語言在資訊交流中的重要性也可見一斑。

美國行為學家斯泰恩將非言語溝通中的顯性行為稱為身體語言，亦稱體語。主要包括眼神、手勢、語調、觸摸、肢體動作和臉部表情這類顯性行為。肢體語言雖然無聲，但具有鮮明而準確的含義，它與我們每一個人的生活息息相關。

譬如，星期天，忙碌了一上午的妻子吃完午飯後剛睡著，丈夫輕輕打開窗戶準備讓正在樓下玩耍的女兒回家做作業。為了不吵醒妻子，丈夫沒有大聲呼喊女兒，而是朝她招了招手，女兒看見爸爸的手勢後，頓時明白了爸爸的意思，便迅速朝家走來。這時，丈夫抬手一看錶，不到一點半，心想還可以讓女兒再玩一會兒，於是丈夫又向正朝家走來的女兒揮揮手。女兒看見爸爸的這個手勢後，稍微一想，便又調轉頭，興高采烈地和夥伴們玩去了。整個過程丈夫沒有說一個字，僅憑手的兩個簡單動作，便和女兒完成了兩次溝通。

同理，大街上的交通警察指揮來來往往的汽車和行人，靠的也是這種無言的體語。而一些目的性很強的動作，則完全可以看做是一種行為的信號。譬如，書店裡，某一個人踮著腳去拿書架上的一本書，我們知道，他想看看這本書。儘管他已把腳踮得很高，但還是夠不著。這時，他旁邊身材較高的營業員注意到了他的這個動作，於是，從架上拿了那本書遞給了這位顧客。營業員是

觀察身體反應，可瞭解心理活動

怎麼知曉這位顧客心理的呢？因為顧客踮腳的動作表現了一種難以被人忽視的窘境：「我需要幫助！」

不同於有聲語言的蘊涵性和委婉性，我們身體所表達的話語是鮮明而準確的，儘管這一點我們經常意識不到。有時候肢體語言一旦和有聲語言相結合，能準確傳達話語者內心思想和情感的不是有聲語言而是體語。例如，一位年輕女孩告訴她的心理醫生，她很愛她的男朋友，與此同時卻又下意識地搖著頭，進而否定了她的話語表達。可見，要想真正瞭解交談對象的話語意思，在認真傾聽其述說的同時，還必須認真解讀對方的體語。他的一顰一笑、舉手投足，都在傳達著他的真實想法。

「在沒有得到任何證據的情況下是不能進行推理的，那樣，只能是誤入歧途。」這是文學經典形象福爾摩斯偵探的名言。福爾摩斯是柯南．道爾筆下的神探，他的神奇之處就在於他可以憑藉指甲、外套的袖子、腳上的靴子、膝蓋處的褶皺、食指和拇指上的老繭，以及臉部表情和種種行為判斷人的內心活動。

「假如在得到所有這些資訊的情況下，竟然還是無法對這些資訊的主人作出準確的判斷，我認為，這一定是天方夜譚。」福爾摩斯如是說。

為什麼他有如此大的信心呢？因為他內心十分清楚人的身體語言密碼所擁有的巨大力量。犯罪嫌疑人可以用製造出種種口頭的謊言，但是卻沒有辦法控制住自己的身體語言。不經意中他們就會把內心的祕密洩露在一個眼神，或者一個看似沒有深意的手勢裡。與一般人相比，福爾摩斯的優勢就在於他懂得從人的身體語言來分辨他是否在說謊，同時從這些不說謊的信號裡知道對方的真實想法。

告別了福爾摩斯，我們再來看看卓別林。卓別林是無聲電影時代最偉大的電影演員。他塑造了一個又一個的大銀幕經典形象。只要提起他的名字，我們就會回憶起那個穿著破爛的燕尾服，邁著八字步的形象。與今天音畫俱全，推崇技術的電影相比，卓別林的電影受時代和技術的限制，沒有聲音也沒有色彩。但是，這些並沒有影響到卓別林對故事的講述，我們還是能看到一個個結構精巧、感人至深的故事。那麼，你不會感到驚奇嗎？他是憑藉什麼在無聲的世界裡把這些故事完整的敘述出來的呢？

這些問題的答案，既簡潔又內涵豐富，那就是身體語言。卓別林就是使用豐富的肢體語言把人物的感情、想法、經歷一一呈現在觀眾眼前。觀眾沒有覺得唐突，而是被他的一舉一動所感動。演員的肢體表現，也就是無聲電影的靈魂。

從福爾摩斯到卓別林，我們一再提及一個詞——身體語言。而我們總是過分重視口頭內容表達，而忽略了身體語言的能量之大。福爾摩斯與卓別林給了我們新的啟示，在與人面對面交流溝通時，即使不說話，我們可以憑藉對方的身體語言來探索他內心的祕密，對方也同樣可以透過身體語言瞭解到我們的真實想法。

所以，開始注意去探究身體語言的密碼吧！那些曾經被你忽視的非語言資訊才是讀懂對方心思的最可靠的資源。

05 人們的態度是由講話的聲音表現出來的

每次談話實際上都會有兩種對話產生：一種是使用文字，一種是使用聲調。有時候這兩者很有契合，但通常並非如此。

當你問對方：「你覺得怎麼樣？」得到的回答是：「還不錯。」

你通常不會憑藉這句「還不錯」來判斷他的感受，而會憑他的音調來判斷他是否真的覺得很好，還是覺得一般或者不好。怎麼樣說話比說什麼樣的話更重要，因為我們的態度不是經由文字，而是經由講話的聲音表現出來。

有時候人們迫切需要自我表達，卻不想直接說出來，例如，「你傷害了我的感情」，「我好難過，我希望你能幫我減少痛苦」，「我的工作讓我感到沮喪，我需要你來聽我訴苦」……這些話你很少會聽到，但是你會從人們的音調中聽出這樣的訊息。對方會歎息、緩慢地說話、簡短地回答問題，並以肢體語言——像是雙眼垂視、死氣沉沉的姿勢，配合低沉無力的聲調來表達。於是，你從中就能知道對方真正的情緒和態度。

聲調的作用很大，尤其是在電話、廣播等看不到對方的交流形式中，透過電波，主持人的聲音傳到你的耳中，你從中可以得知主持人對所說內容的態度，他是贊成還是懷疑，他是喜歡還是厭惡，他是熱情還是冷淡，你都能得知。所以，即使看不到模樣，電臺主播們還是以他們的聲音征服了很多聽眾。

聲音的重要性遠遠超過了言詞，而在交流中我們往往要回答對方的問題，於是我們通常把注意力放在言詞，而非聲音上。這是片面的，只有仔細聆聽對方說話的聲音，才能豐富言詞的含意。

一個放大說話音量的人，通常有控制環境的目的。說話大聲是獨斷、強制且具威脅性的行為，所以想支配或控制他人之人，講話通常很大聲。大部分人認為說話大聲、低沉是自信的表現，但有些人大吼大叫，是因為害怕如果輕聲細語，沒有人會聽得見。

說話小聲的人一開始可能會被認為缺乏信心或優柔寡斷，但是小心別上當。輕柔的聲音可能反映出平靜的自信，說話者認為沒有必要支配談話。要是對方說話總是輕聲細語，請注意抑揚頓挫之處是否適當。當在場的人聽不清楚的時候，他是否努力放大音量？如果不是，也許他不夠細心，不能體貼別人，或者驕傲自大。如果持續輕聲細語伴隨著不舒服的肢體語言，像是缺乏眼神接觸，轉過身去或別過臉，這些就是不舒服的象徵以及自信心的缺乏。

說話一向很快的人，對於事情的評估和判斷通常也很快，因此他們常常不假思索就作出判斷。有些人說話快則是為了掩飾內心的不安全感，這種人會有自卑的反應，像是緊張兮兮，或是刻意引起別人的注意。也有些人在以一般速度閒聊一陣子之後，發現謊言很難在編下去，於是說話就愈來愈快，企圖對謊言加以解釋。

觀察身體反應，可瞭解心理活動

說話一直都很慢的人也許是身體或心理有障礙，如果對方是因為心理有障礙而說話慢，會伴隨著無法表達意見的反應。而要是因為身體障礙而說話慢，你只要和對方談上幾分鐘，就能看出來。教師、演講者以及經常要對大眾說話的人，有時會故意放慢說話速度，讓每個聽眾都聽到他們的話，瞭解他們的意思。

說話結巴，如果不是由於先天身體障礙造成的話，通常是缺乏安全感、緊張或困惑所造成。但也有可能是說話者想準確表達自己的意思，而絞盡腦汁搜尋正確的字眼，或者對方有意暫停，好讓你有機會插話。

人的聲音高低是天生的，但是人們通常會為了一些固定的理由提高或降低音高。當特別害怕、高興、痛苦、興奮時，大多數的人聲音會提高；有些人為了引誘別人，會明顯地降低聲音；當一個人傷心、沮喪或者疲倦時，音調也會降低。

很多人用諂上傲下的音調或其他假裝的語調來呈現成功、老練、聰明、富有或上流階級的形象。然而這些特性也許並非他們主要的人格特質，相反的，這只是沒有安全感，企圖尋求讚美與認可的表現而已。

在許多語言裡，單憑音節或是對字句的強調，說話內容就會有全然不同的意思。我們大批問過別人，願不願意和我們到哪兒去，如果得到的是語氣堅定的回答：「好啊，沒問題。」我們就知道對方接受了邀約，而如果對方以猶豫的語氣說出同樣的話，我們知道他接下來會說：「但是……」如果你仔細聆聽對方的語調，就能察覺語意是否完整。如果對方欲言又止，即使你無法猜出真正的意思，至少能感受到曖昧模糊之處，並提出適當的問題加以理清。

聲音只能透露一部分的情感，如果配合對肢體語言和說話內容的觀察，通常就能掌握對方真實的情緒。對方的聲音、說話內容和肢體語言如果協調一致，也就是在持續模式下，你就能輕易分析他的感覺，並預測他會對不同情況做出何種反應。

要是聲音與說話內容或身體語言相衝突，你就得依據一般模式推論可能的原因，以免妄下斷語。例如，聲音的強調通常伴隨著肢體語言的強調。說話者強調某個字句時，可能會出現身體向前靠、點頭或比手勢的動作。因此，如果你能在傾聽時，順道觀察肢體語言，這樣一來，即使是細微的變化也難逃你的法眼，對方的任何一點小心思也能被你掌握。

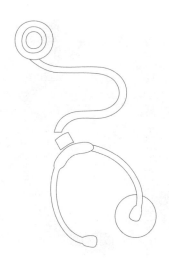

06

言語的意義比不上聲音，而聲音的意義比不上肢體語言

人際溝通包括許多方面，言語溝通和非言語溝通是其中最主要的兩個方面。口頭語言和書面語言是言語溝通的兩種主要方式，非言語溝通則主要包括眼神、手勢、語調、觸摸、肢體動作和臉部表情這類顯性行為，以及透過空間、服飾等表露出來的非顯性資訊。

口頭語言往往被人們認為是最直接的交流，在與他人溝通中發揮著重大的作用，其實，語言是出於人的主觀的，是最不可靠的資訊，有時甚至可以蠱惑人心。就像那麼一類人，他們當面恭維你，背後則詆毀你，「兩面三刀」的例子，不勝枚舉。因為，人們能夠透過邏輯思維任意修飾自己的語言，為了能達到自

己的目的，難免會增加語言的虛假成分。同這類人交往時，如果你能更留意一些，就會發現這些人言不由衷的聲音和其他表示排斥的動作。也就是說，他的聲音和身體在告訴你完全相反的含義。在這種場景下，你該相信哪一個嗎？

最佳的建議，就是相信他的身體。因為，人身體的動作是自發的，難以控制的。即使有人想透過長期的訓練，控制自己的身體，這也是相當困難的。人的身體語言太過複雜，所包含的細節太多，即便你刻意控制了其中的一個細節，你隱藏的資訊也會在另一些細節上表現出來。

言語經常會是謊言，和真實想法不一樣。而一般來說，身體語言則不會出現「口是心非」的現象，也不會撒謊，它比經過理性加工的有聲語言更能表現一個人內心真實的情感和欲望。因為一個人內心的真實情感和欲望總是透過身體來直接表達的。身體首先會對我們的感覺和情緒作出反應和判斷，然後才會做出具體的姿勢。

總體上來說，身體語言符合人們的內心活動。有聲語言同身體語言的矛盾主要產生於邏輯——數位化秩序之間的對立，或是經過定型化訓練與內心活動之間的對立。如果我們不能在對立之間做出抉擇，就會在身體語言上出現矛盾狀態。例如，當一個人問別人是否需要他準備啤酒時，卻坐在椅子上一動不動，可能很少有人會相信他真的願意去準備啤酒。因為他如果真的願意的話，至少有一定的行動，比如從椅子上站起來。再如，當一個人想逃避別人審視的目光，或是掩飾自己的尷尬狀態時，他往往會避開對方的目光。然而逃避傾向的加劇，以及害怕暴露自己的逃避意圖，其逃避動作又會受到一定的遏制。

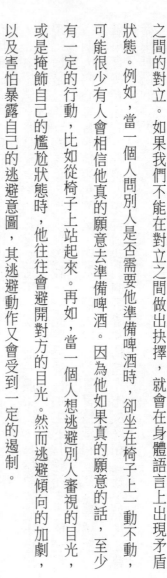

由此可見，雖然我們能控制身體某些部位的動作，但不能同時控制身體所有部位的動作。因而一旦內心真實想法和有聲語言發生矛盾，我們的身體語言就會透過我們無法控制的一些部位展現出內心和有聲語言發生的種種矛盾。

所以，正如精神分析學派的鼻祖佛洛德所說，要想真正瞭解說話者的深層心理，即無意識領域，僅憑有聲語言是不夠的。因為有聲語言往往把話語表達者所要表達意思的絕大部分隱藏了起來，要想真正瞭解話語表達者所述話語的意思，必須把有聲語言同體語相結合。

二十世紀五〇年代，加利福尼亞大學洛杉磯分校的心理學教授阿爾伯特·麥拉賓在《沉默的語言》一書中指出：人的感情和態度能用聲音表達的只有不到四〇%，而無聲的肢體動作表達的能達到五〇%。可見，身體的動作對於人們表達自己的感情起著主導的作用。儘管大多數研究人員都認為，日常生活中應當注意身體動作的溝通，但人們卻對此並不在意。

還有一個特別有趣的現象可以說明身體語言的巨大作用，那就是傳奇的占卜術。對於普通人來說，可能沒有辦法理解一個算命或者占卜者是如何知道你那麼多的事情的。所以，你會認為這是一種靈幻的本事。但根據美國學者的研究，這些從業者實際上是使用一種被稱作讀心術的方法來讀懂對方的想法的。

從某種角度上講，那些占卜者，尤其是那些具有豐富實踐經驗的占卜者，都是善於識別身體語言的「大師」。可能不少曾經拜訪過所謂「神算子」的人在離開後，常常會這樣想：「太不可思議了，我什麼都沒說，他居然連我家有幾口人，我現在的情緒狀態，以及我曾經有過哪些失敗的經歷都能說得分毫不差，真是個『活神仙』啊！」

真的是這樣嗎？非也，雖然你沒有開口告訴占卜者自己的情況，但你的身體語言已經悄悄地把自己的相關情況暗示給了他。比如，你的嘴角後拉，面頰向上抬，眉毛平舒，眼睛變小，占卜者據此可以判定你現在肯定處於一種愉快的情緒狀態之中。

看見你嘴角下垂，面頰往下拉，變得細長，眉毛深鎖，呈倒八字，占卜者據此可以判定你現在肯定處於一種不愉快的情緒狀態之中。

在為你具體算命的過程中，占卜者若是看見你的眉毛在上下迅速移動，他就知道你很贊同他所說的內容，據此他會沿此思路大吹特吹；如果看見你單眉上揚，他知道你在懷疑他說的內容了；如果看見你皺起了眉頭，他知道你不贊同他所說的，於是會馬上按相反的方向為你算命。

一份關於占卜術的研究顯示，很多經驗豐富的占卜者都喜歡使用一種名為冷觀解讀的技巧來為自己的客戶算命，其準確率竟然高達七〇%左右。難道冷觀解讀技巧真的能知曉一個人的前世今生、福禍安危？研究人員進一步研究發現，事實並非如此，所謂的冷觀解讀技巧其實就是占卜者在對「客戶」身體語言進行仔細觀察、揣摩，再加以對人性的理解和運用一定的概率知識而作出的一個大概推斷。

記住，身體語言是絕對坦誠的，能將每個人真實的情緒暴露在他人面前，甚至用謊言也無法掩蓋。身體語言對於人們的溝通的確有著不可忽視的意義。所以，如果你能充分識別和掌握身體語言，你也可以當一個占卜師，你也可以掌握這一讀懂對方心思的讀心術。

07 觀察表情，可預見對方的情感

情感的實質，是體內觸發的生理反應。情感的產生來源於人類逃離威脅的生存本能。情感是人類性格的重要組成部分，我們所做的事情中有很大一部分是受到情感的驅使，也就是說，情感會控制我們的行為和決定。甚至有些時候我們並不能意識到自己正處在什麼樣的情感狀態之中。

如果我們想要深入的掌控讀心術，那麼瞭解什麼是情感是十分必要的。情感究竟是什麼，情感又是怎樣產生的呢？很多的關於情感的理論都直指一個事實：所有人都具有同樣的基本情感，並因為同樣的事物受到觸動。

當我們感受到自己受到了威脅，不論是個人安全方面的威脅還是一般福利方面的威脅，都會觸發情感的產生，所以有一個這樣的理論：情感的起源是像生存機制一樣的生物機制，當危險發生時，他是超越理性的最佳應急機制。比如，當你一輛汽車在你身邊飛馳而過的時候，假如你還要分析汽車正在以多少時速衝向你，那麼恐怕你早就喪命車輪了。

實際上，我們總是在無意識中就接受和探測了周圍的這種信號，當資訊被傳遞到自主神經系統之後，就會啟動相應的過程，同一時間內，資訊業會被傳達給意識，來告訴我們的大腦將要發生什麼。

當某個信號飛速的衝向我們，就會形成觸發恐懼情感的一種刺激，這種恐懼反應在身體上就會出現脈搏跳動加快、血液更多地湧向腿部肌肉種種現象，以便及時幫助我們逃跑，如此一來，身體比頭腦先感覺到了危險，所以你的身體會下意識地快速逃離危險。當你成功的脫離危險過後，你的身體恢復到正常狀態所需的時間，比你的頭腦意識到危險已過去的時間更長，這也就能說明，為什麼危險已去，你仍然會心有餘悸。

也就是說，情感最初是作為一種自動化系統來說明我們逃離威脅的。情感會讓我們大腦的不同區域產生及時的變化，影響我們的自主神經系統，進而產生呼吸、出汗、心跳等身體功能的變化，而其，情感還會改變我們的聲音、臉部表情和肢體語言。

很多人認為情緒和感情是一回事，其實並非如此。感情是激烈的、短暫的，而情緒可以是持久的，情緒常常作為感情產生的「背景」。

當然，並不是每次都是為了生存的原因才能感受到情感，隨著人類的進化發展，我們的感情變得更加複雜，更加多元，在下面的內容中我們就來看一看觸發情感的常見方式。

08 所有人都具有同樣的基本情感

正是我們的情感把我們與外在的事務聯繫在一起，情感在我們的生活中佔有著重要的位置，觸發情感的因素也是多種多樣的，下面就看看一些比較普遍的形式：

第一，前面有一隻惡狼！

突然從周圍環境中探測到一個正確的信號是觸發感情的最常見方式，我們沒有充足的時間來思考目前的情感反應是否合適，也許我們是錯的，也許所謂的惡狼只不過是一塊石頭，但也會讓我們使出全身的力氣來拋出最鋒利的武器。

第二，這到底是為什麼？

思考正在發生的任何事情也能夠觸發我們的情感。當我們試圖弄明白一件事的時候，情感就會被啟動。思考的時候我們通常不容易犯錯，但是，思考花費的時間卻相對較長。

第三，想想你和她／他接吻時候的情景！

透過回憶具有強烈情感的事件來也是觸發感情的方式之一，我們既可以回憶過去的感情，也可以對過去的感情產生新的感情。

比如，以前發生的某一件是在當時讓你異常憤怒，現在回想起來你可能驚訝於當時的你為什麼如此憤怒。

第四，如果我能飛到月球上，那該多好啊！

當我們開始讓想像力在腦海中徜徉的時候，能喚醒我們內心的情感，比如，你可以幻想你登上了月球，在月球上體會失重的快感，怎麼樣，不如試一把吧！

第五，別再提這個了，我會再一次感到不安。

談論過去的情感經歷會把那些情感帶回給你，即使你並不想要它們。有些時候，只要你和別人談談上一次是什麼惹怒你的，就足以讓你再一次發怒。

第六，哈哈！

我們可以透過同情觸發情感，也就是說，當我們看到別人正在經歷某種情感時，那種情感也會傳染給我們，使我們有相同的感受。你喜歡和阿甘式的傻瓜在一起，還是喜歡和尼采那樣整天苦著臉的哲學家在一起呢？

第七，嗨，調皮鬼！離電源遠一些，別碰它。

童年的時候，父母和其他大人告誡我們要害怕或者喜歡的事物，會在我們長大以後使我們產生同樣的反應。小孩子看到大人在不同的情況下做出不同的反應後，還會透過模仿產生同樣的情感。

第八，那個人，說你呢！你怎麼插隊呀！

違反社會規則的人會讓我們產生強烈的情感。當然，不同文化中的社會規

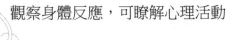

則也不盡相同，但相同的是：違反社會規則會引起厭惡、鄙視、憤怒等各種反應。至於會引起哪一種反應，就要看社會規則是什麼，以及是誰在踐踏規則了。

第九，咬住你的下嘴唇！

我們知道了情感會引起身體做出相應的表達，其實我們也可以反過來透過有意識的身體動作、肌肉反應來引發相應的情感。當你努力變得生氣的時候，不妨緊咬你的下嘴唇，看看憤怒的感情是不是已經在心中醞釀了！

09 顏色的巧妙運用能改變人的情感

古時候，有人開了一間旅館，但是由於經營不當，面臨倒閉。正好此時碰上一名智者經過這裡，就向旅館老闆獻策：將旅館進行重新裝飾。到了夏季，將旅館牆面塗成綠色；到了冬日，再將牆面刷成粉紅色。旅館老闆按智者所說的做了之後，果然很是吸引顧客，生意漸漸興隆起來。

為什麼粉刷牆壁就能改善旅館的經營狀況，使之轉虧為盈？其中的奧祕在哪兒呢？原來智者是巧妙利用了人們的聯覺心理。聯覺是一種感覺引起另一種感覺的現象，這種心理現象實際上是感覺相互作用的結果。上述事例就是透過改變顏色，使不同顏色產生不同的情感效果，進而起到吸引顧客的作用。

不同的顏色會給我們不同的情感，這是每個人都能體會到的。比如我們會根據不同的心情和個性選擇不同顏色的衣服，顏色對人的心理影響是很多的。還比如不同色調的畫作和攝影作品，會使我們感受到不同的情感。還有，房間裡牆壁刷上不同的顏色，也讓我們感覺不同。

上面的這些說明顏色會影響人們的情感。有的時候，這種影響是至關重要的。國外某地有一座黑色的橋梁，每年都有很多人在那裡自殺。後來有人提議把橋塗成天藍色，結果去那兒自殺的人明顯減少了。後來人們又把橋塗成了粉紅色，結果就再也沒人在這裡自殺了。

從心理學的角度分析，黑色顯得陰沉，會加重人痛苦和絕望的情感，容易把本來心情絕望、瀕臨死亡的人，向死亡更推進一步。而天藍色和粉紅色則容易使人感到愉快開朗，充滿希望，所以不容易讓人產生絕望的情感。

心理學家對顏色與人的心理健康進行了研究。研究顯示在一般情況下，紅色表示快樂、熱情，它使人情感熱烈、飽滿，激發愛的情感。黃色表示快樂、明亮，使人興高采烈，充滿喜悅。綠色表示和平，使人的心裡有安定、恬靜、溫和之感。藍色給人以安靜、涼爽、舒適之感，使人心胸開朗。灰色使人感到鬱悶、空虛。黑色使人感到莊嚴、沮喪和悲哀。白色使人有素雅、純潔、輕快之感。

研究指出，顏色還能影響人的食欲。橙黃色可以促進食欲，黑白色則會降低食欲。適宜的顏色不僅影響食欲，而且可以增進健康。人們通常習慣於把醫院和診所的牆壁刷成白色就是這個道理。因為白色給人清潔的印象，也可使痛苦的病人安靜下來，這樣有利於治療、恢復健康。德國慕尼克市的醫院透過實驗還發現，淺藍色的牆有幫助高燒病人退燒的作用，紫色會使孕婦安靜，赭色有助於升高低血壓病人的血壓。

顏色與工作效率也有關係。某企業有過這樣有趣的事例：許多搬運黑色和深灰色部件的工人感到這些部件特別沉重。在心理顧問的指導下，管理部門把這些部件漆成淺黃色後，工人感到比以前輕鬆多了。

專家們還發現，黃色、橙色和紅色能激發人們的熱情，提高人們的積極性。

運動場上總是紅旗招展，現在新型的塑膠跑道上也劃出了色彩鮮豔的跑道線，其目的亦在於激起運動員的神經興奮，使他們進入良好的競技狀態。相反，藍色和紫色等屬於消極色，會減慢人們的工作節奏。

不同的顏色使人產生不同的情緒、情感。長期住在紅房子裡，情緒會興奮；如果住在蘋果綠色的屋裡，心情會平靜下來。接觸陽光和燈光，因而對紅、橙等色產生幸福溫暖之感；接觸樹木、禾苗，因而對綠色產生生長、希望之感；接觸即將收割的稻、麥等，就會對黃色產生成熟、務實之感；經常接觸泥土、重金屬，則會對黑色和棕色產生沉重、艱辛、凝重之感。

在臨床實踐中，學者們對顏色治病也進行了研究，效果是很好的。高血壓病人戴上棕色眼鏡可使血壓下降；紅色和藍色可使血液循環加快；病人如果住在塗有白色、淡藍色、淡綠色、淡黃色牆壁的房間裡，心情很安定、舒適，有助於健康的恢復。

顏色對人的脈搏和握力也有一定影響。實驗證明，人在黃顏色的房間裡脈搏正常，在藍色的房間裡脈搏減慢一些，在紅顏色的房間裡脈搏增快很明顯。

法國的生理學家實驗發現，在紅色光的照射下，人的握力比平常增強一倍；在橙黃色光的照射下，手的握力比平常增強半倍。

由此可見，顏色不但可以影響人的情感，而且還會對人的健康產生影響。顏色的作用不容小視呀！

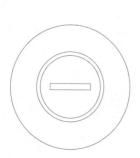

10 天氣也會觸發人不同的情感

生活中，你是否有過這樣的體驗？如果天氣晴朗、陽光燦爛、微風和煦，你會覺得神清氣爽、精神振奮、心情舒暢。如果一連幾天陰雨綿綿，你會經常感到莫名其妙的煩躁不安、心情低落、鬱鬱寡歡。

對於這種由於天氣變化帶來的情感變化，我們不能簡單地歸結為多愁善感。因為科學家已發現，氣候特別寒冷的地帶，在冬天人們的會顯著地憂鬱、低落。而導致人們情緒低落的主要原因就是缺少陽光。此外人們還會出現容易疲勞、嗜睡、喜歡吃大量含碳水化合物的食物等現象。

精神治療專家發現，人的情感確實或多或少地會受到天氣的影響。人們對天氣變化，特別是壞天氣的刺激反應強烈，會表現出種種不適症狀：疲倦、虛

觀察身體反應，可瞭解心理活動

弱、健忘、眼冒金星、神經過敏、精神不振、情緒低落、工作提不起精神、睡眠不好、偏頭痛、注意力不集中、恐懼、冒汗、沒有食欲、腸胃功能紊亂、神經質、易激動，等等。

一九八二～一九八三年的厄爾尼諾現象，曾經使全球大約十萬人患上了抑鬱症，而且精神病的發病率也上升了三十八%，交通事故也至少增加了五千次以上。原因就是，全球氣候異常和天氣的災難，超過了一部分人的心理承受能力。環境心理學的研究指出，溫度與暴力行為有關，夏日的高溫可引起暴力行為增加。但是當溫度達到一定限度時，即使再升高也不導致暴力行為，而導致嗜睡。溫度也和人際吸引有關，在高溫室內的被試者，比在常溫室內的被試者，更容易對他人做出不友好的評價。

我們都知道，萬物生長靠太陽。植物往往有向光性，人也是一樣。一般來說，選擇陽光充足的居所對人比較有利，因為光是熱、土壤、植物、水、空氣的軸心。

有心理學家研究顯示，在日光燈中加入類似太陽光的紫外線，對健康有好處。讓自閉者生活在光線較充足的地方，自閉行為會減少一半，還會增加許多與人互動的行為。而陽光不足會造成視覺疲勞、反胃、頭痛、憂鬱、鬱悶等行為反應。研究甚至發現人在日光燈下與太陽光下的工作效率不同。生活中，如果你仔細觀察，就會發現，在陽光充足的地方，兒童會顯得更加活潑。

在法國，曾有一段長時間的陰雨天氣，於是許多治療機構創造性地採用人造陽光治療法，就是用光照來治療這些等不及陽光出現的病人，並具有明顯的療效。

長時間的天氣特徵，會形成氣候。研究發現，一個人所生活地區的氣候與他的性格的形成有直接的關係。這也是因為天氣影響到人的心情，天長日久，就影響了性格。所謂「一方水土養一方人」，幾乎每個人都無法完全擺脫這種環境的影響。

長期生活在熱帶的人，性格比較暴躁易怒。緯度高的寒帶，氣候寒冷，陽光稀少，是抑鬱症的高發區。生活在氣候濕潤、萬物生機盎然的水鄉的人，一般比較多情、反應機敏。生活在草原上的牧民大多性格豪放，山區的人多是性格率直。秋高氣爽的氣候被認為最適合創作，長年居住在十五～十八攝氏度環境中的人，頭腦較為發達，文學藝術的成就比較突出。

由此可見，天氣對人的情感有很大的影響，而且，一個地區的氣候與人的性格形成也有很大的關聯。但是，天氣、氣候不是人所能控制的，你若想擁有好的心情、良好的性格，能改變的唯有你自己。

11 透過感官特徵，可知對方如何進行思考

無意識的表情是探測真情實感的線索。有一部電影叫做《頂尖對決》，講述了一對夫婦的故事，影片中，當丈夫對妻子說出「我愛妳」時，有的時候說的是真話，有的時候卻是在說謊，而他的妻子總是能夠透過直視丈夫的眼神，看穿丈夫說的是真是假的。

從小就有人告訴我們，當你想知道對方心裡想的是什麼的時候，你就盯著對方的眼睛看就能知道，真的是這樣的嗎？其實，與其看著對方的眼睛，不如看看他真個臉部。人的臉上有四〇多塊肌肉，它們當中的大部分我們都無法有意識的掌控，那麼，這就是說，你的臉部表情會無意識地流露出許多資訊，但是，許多人卻無法對這些流露出的資訊進行正確的分析。

觀察身體反應，可瞭解心理活動

我們每個人都有察覺他人情感的能力，能分辨出別人是高興還是生氣，但是，我們又常常忽視了一些資訊，有些時候知道別人開始把心中的怒火發洩出來、爆發出來們才明白了他原來是多麼的怒火中燒！並且，有些時候我們會混淆一些臉部表情，比如，把害怕的表情當成驚訝，把入神的表情當成悲傷。

有時候我們會同時產生兩種情感，那麼在這兩種情感的轉化過程中，就會有一個承接兩種情感的階段，比如我們現實驚訝，然後我們又開始高興，那麼著之中就會呈現出又驚又喜的表情。當我們經歷一種混雜的感情的時候，比如當我們坐雲霄飛車的時候，我們會既興奮又害怕，會在無意識中表現出我們想要隱藏的感情，與此同時，也會有意識的假裝出我們想要偽裝的感情。還有些時候，一個人的臉部表情不僅僅會配合我們的談話場景和談話內容，還會來評價我們的其他表情，比如，當你感到緊張的時候，你很可能會擠出一個假笑。

事實上，觀察一個人無意識的表情，不僅能夠知道他此時此刻的情感，還能夠知道他即將會產生的情感，這是因為，肌肉的反應比思維的反應更快，利用這一點，你可以在對方的尚未感覺到他的感情之前先他一步做出應對措施，比如當你發現一個人即將發怒的時候，你可以提前幫助他控制憤怒情感的爆發，這比起他發怒後你手足無措要好得多吧！

綜上所述，我們在與人交往的過程中要識破對方的感情，無意識的表情是我們可以參考的一項重要指標。當然，在你透過他人的臉部表情識破了他的內心的時候，最好是讓你看到的情感決定你下一步以什麼樣的方式來和他溝通，而不是直接面對它，因為你看穿的很可能是他的個人隱私哦！

12 輕微表情、局部表情與微表情

一個人的臉部表情主要包括三種：輕微表情、局部表情與微表情，下面就讓我們來逐個認識這三種表情。

1、輕微表情

輕微表情是一種整個臉部肌肉都輕微的、強度不大的參與到整個臉部表情的構成中。每一塊肌肉都形成了你表情的一部分，但是每一塊肌肉的變化都不是很明顯。輕微的表情說明情感較弱，比如，有的感覺可能本身比較強烈，但是當這種情感剛剛開始的時候，它可能比較弱，有的情感在剛開始的時候可能比較強烈，但是她真正慢慢的消退。

輕微表情的產生還有另外一種情況，就是當一個人想要極力掩蓋他強烈的感情沒有成功所流下來的痕跡，比如，當我們看一些選秀節目的時候，被淘汰的選手面對鏡頭時會努力掩蓋自己失落的情緒。

2、局部表情

局部表情是指，只運用一兩塊肌肉來構成表情，局部表情有時候可能是輕微的，有時候可能是強烈的，在大多數時候局部表情是輕微的，這意味著，也許感情本來就是輕微的，也許感情真處在削弱期，也許意味著沒能隱藏好某種強烈的情感。

3、微表情

微表情是一種稍縱即逝但是能夠很明瞭地表現出一個人的感情的表情。微表情可能會出現很短的時間，可能只有半秒鐘那麼短就消失不見了，而且很少人會有意識的觀察一個人的微表情。

我們常常會打斷我們自己的微表情，比如，當我們意識到自己正在感到害怕的時候，我們會用別的表情來代替我們一晃而過的微表情。想透過微表情來看穿對方的心思其實並不是難事，一個人只要稍加訓練就能捕捉到微表情。

以上就是臉部表情的三個種類，在你與人交往的過程中，不妨有意識的留心他人的這三種臉部表情，你一定能讀透他的內心。

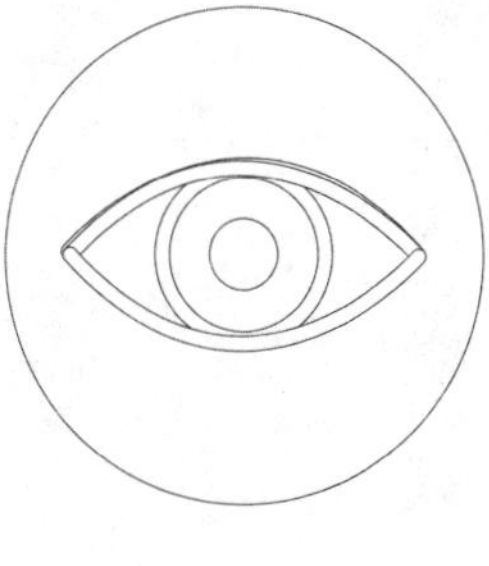

13

七種全球通用的表情模式

美國著名心理專家保羅。艾克曼研究了不同的精神狀態對人們的影響，以及這種精神狀態是怎樣反應到人的身體和臉上，他發現了有七種基本情感的表達方式是全球通用的。這七種情感表達方式是：驚訝、悲傷、憤怒、害怕、快樂、厭惡，以及輕蔑。

1、驚訝

驚訝是一個人持續時間最短的表情。人們在吃驚或有防備的時候，會把眼睛睜得特別大，並且鞏膜（眼白）會在虹膜（眼睛中有顏色的部分）之上。再加上一些臉部表情，例如，眉毛會抬起，且向上彎曲，而下頜下垂，雙唇分開，年紀大的人的前額還會出現許多皺紋。在你看到這些現象後，就可以完全肯定，這個人正在震驚中。

2、悲傷

和驚訝相反，悲傷是一個人持續時間最長的感情，很多事情都可以讓我們感到悲傷，當我們因為種種原因要和心愛的人分別的時候，當你因為自己的失誤而丟掉了一份寶貴的工作的時候，都會有悲傷的感情，悲傷還具有社會功能，但你的臉部表情表現出悲傷的時候，你會得到別人的安慰、幫助、鼓勵等等，社會讓男人不敢輕易表現自己的悲傷，他們總是強顏歡笑，但是表情不會騙人，強顏歡笑是很難掩蓋的。悲傷的一大特點是臉部肌肉鬆弛，並且，眉毛裡端收縮或揚起，美貌之間產生垂直的皺紋，上眼皮裡端抬起，形成三角形，下眼皮也可能會受到影響，變得緊張，嘴角會向下撇，

3、憤怒

我們憤怒常常是因為某件事或者某個人阻止了我們想做某件事的想法，有時候我們也會對自己感到生氣，還有時候別人不贊成我們的想法時我們也會憤

怒。憤怒是一種危險的感情，常常伴隨著我們想要傷害別人的衝動。

當然憤怒也有一定的好處，它可以成為我們改變某件事情的動力。當一個人憤怒的時候，他的美貌會收縮或者下垂，兩眉間有皺紋但是前額不會有皺紋，從嘴巴上來看，雙唇緊閉也是憤怒的一個信號。當某個人因為憤怒而直接盯著另一個人，顯示出緊張的眼部狀態時，他的上下眼皮也會很緊張，眼睛眯成一條縫。他用眼睛盯著別人，用以宣洩內心的感受，甚至達到嚇唬對方，或威脅對方的目的。

4、恐懼

對我們的心理或者身體產生傷害的事情都會讓我們產生恐懼的情感。從生物意義上來講，恐懼能讓我們迅速逃離危險。他的眼睛會直愣愣地大睜著，好像要把那預示著迫近危險的最細微的動作都看個一清二楚。

這種狀態下，發出動作者的下眼皮很緊張，但同吃驚的情緒不同的是，感到恐懼的人的臉部表情很不一樣，他們的眉毛抬起並鎖在一起，呈現平線形態，嘴巴是緊張而且向回收縮的。

5、厭惡

你知道厭惡的表情會是什麼樣子的嗎？不妨開始這樣的想像：你需要準備兩樣東西，一個玻璃杯，一口口水，現在想像你吐一口口水到玻璃杯裡面，然後喝下去。這樣的想像很可能會讓你出現厭惡的表情。厭惡是一種非常強烈的情感，也是一種非常明顯的表情，厭惡的表情很少會用到眉毛和前額，只是用到臉的下半部分，所以厭惡也是一種很容易假裝的表情。判斷一個人的厭惡是真是假，可以透過觀察他的鼻子，如果鼻梁上出現了皺紋，就表示他真的升起了厭惡之情。

6、輕蔑

輕蔑和厭惡密切相關，但是輕蔑我們不會對物產生輕蔑之情，只會對人輕蔑。我們通常想讓那些我們輕蔑的人感到我們自身的優越感。當一個有輕蔑的感情的時候，他的嘴角會拉緊並且上揚，形成一個帶點邪氣的微笑，鼻子可能還會發出「哼」的聲音，眼睛還會往下看。

7、快樂

什麼東西會讓我們感受到快樂呢？美麗的鳥兒、孩子的笑聲、花朵的芳香都會讓快樂之感油然而生，而人們似乎把快樂更多地表現在聲音之中，比如快樂的大叫、快樂的笑，臉部變化則不那麼明顯。

真笑和假笑之間也有著明顯的區別，真笑時，會有兩塊主要的肌肉被用到，顴骨肌和輪匝肌，顴骨肌把嘴巴仰起來，輪匝肌讓眼睛周圍變得緊張，當假笑的時候，輪匝肌是不會被用到的，因此我們在形容某個人假笑的時候常常說：「他的嘴在笑，但是眼睛卻沒有笑。」

14 不同的感官創造不同的思維方式

想像你身處一個充滿異國情調的熱帶島嶼，右手端著一杯熱帶水果雞尾酒，正赤腳信步走在美麗的海灘上。原本銀白色的沙灘在夕陽的餘暉下泛起迷人的金色，溫熱的細沙頑皮地鑽進你的趾縫，有點癢卻又很舒服。

微風拂身，空氣裡彌漫著海水的鹹味和一股椰子的香味。你一邊聽海浪拍打在岸上，伴隨著棕櫚樹搖曳發出的沙沙聲，一邊啜飲著沁涼的雞尾酒，慵懶地望向海面，一隻海鷗在遠處掠過水面衝向天空，發出一聲清亮的叫聲。

繼續隨意地四處打量，你發現前面有一個銀白色的貝殼，走過去把它撿起來，輕輕地用手指摩挲它表面有趣的紋理。這時，離沙灘不遠的露天餐廳裡已經開始飄出陣陣食物的香味，人們一邊用餐，一邊低語，彷彿不願意破壞了黃昏的寧靜。你忽然到自己已經饑腸轆轆了，腳步不由得折向餐廳……

如果你心無雜念、沉浸在對上面這個情境的想像中，你一定會覺得真的聽到了海浪拍打沙灘的聲音、棕櫚樹發出的沙沙聲和海鷗的叫聲，也會感受到鑽進腳趾間的沙子、清涼的微風、雞尾酒的沁涼，還會聞到了空氣中海水的鹹味和椰子香味，而在最後，你的嘴裡恐怕還湧出了很多的口水。

不論你以前有沒有在海灘漫步的真實經歷，那些感受一定都會發生。因為它們不僅能來自你的記憶，還能來自創建。當我們思考時，通常會啟動兩種不同過程中的某一種——要麼回憶起以前曾經有過的想法，要麼創建出從未有過的新想法。不論是哪一種過程，我們的感官記憶都會在思考中扮演重要的角色。

我們的聽覺、視覺、感覺、味覺、嗅覺和平衡感不僅對探索周圍環境非常重要，而且也會被用來思考與感官體驗無關的事物。我們會運用不同的感官記憶和體驗來思考。如果我們回憶起以前的事情，比如一次愉快的度假，我們的腦海中就會浮現出生動的場景，想像出我們當時聽到的聲音，甚至聞到的氣味，等等。當我們回憶時，我們再現了以前的感官記憶。然而，感官記憶對創建新的想法也很重要。

以上面的情境想像為例，為了在頭腦中創建那個情境，你的大腦會從其他類似的回憶中選取和拼湊相關的片段。例如，你曾經用手摸過貝殼，你就會知道摸起來的感覺如何；你曾經喝過雞尾酒，你也會知道它的味道。但是，如果從來沒有過黃昏時分在漫步海灘的經歷，沒有類似的記憶可供調取，那麼你的大腦就會用你從別人的照片、電影中看到過的畫面來說明你再現場景。也就是說，你的大腦在腦海中創建了一個新的經歷，而這個經歷變得就像你親身經歷過的一樣。

事實上，我們在思考時總是以某種方式運用感官記憶，就像你剛才在腦海中創建那個黃昏時分的海灘漫步時做的那樣。更多的時候，我們會運用這些感官探索外在的環境。從內在的（在腦海中）到外在的（探索周圍環境），我們不斷地轉換運用感官的方式。我們越是專注於別人對我們說的話或者正在閱讀的內容，我們就越是內在地運用感官。舉個例子，此時此刻你肯定不知道右腳是什麼姿勢。也就是說，直到你被提醒以後，你才會有意識地想到：右腳？噢，我確實有右腳，那它在幹麼呢？然後你就會看看右腳正處於什麼位置什麼狀態。

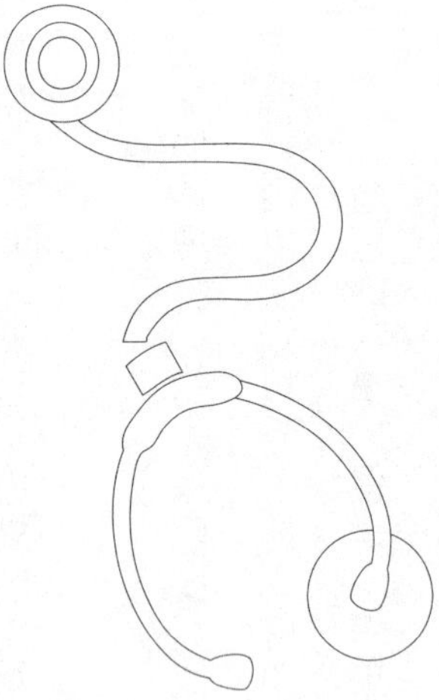

15 不同的感官創造不同的思維方式

上文那個黃昏時分海灘漫步的情境想像，可以說明人類的大腦並不能很好地區分內在與外在的感官運用。也就是說，大腦不能夠區分實際發生的情況和幻想的情況，這些也是臆想症產生的生理基礎，出現這種情況的原因是不論在哪一種情況下，我們的大腦都有相同的區域被啟動了。

人類的大腦包括左、右兩個半球及腦幹，它作為人體的神經中樞，指揮著人體的一切生理活動，如臟器的活動、肢體的運動、感覺的產生、肌體的協調以及說話、識字、思維等。科學研究證明，大腦特定功能源於大腦的某一區域，大腦也由此被劃分為不同的區域，如視覺區、感覺區、記憶區、語言區、識字區、運動區和聯合思維區等。

在大腦活動中，運用不同的感官記憶對我們從外界收集到的資訊進行轉換，會激發特定的大腦區域，使我們發現不同的重點，進而導致我們產生不同的思考方式，並以不同的方式進行人際交流。

在二十世紀七〇年代末，一個心理學學生理查·班德勒和一個語言學學生約翰·格林德提出了一個EAC模型，即眼睛解讀線索。這個模型對不同的感官和思維方式之間進行一些有效的研究，這個模型認為：

眼睛向上方看，表示大腦的視覺區域正在被啟動，叫做視覺記憶；看右上方，在創建圖像，向左上方看，則在記憶圖像。

眼睛平視，則意味著大腦的聽覺區域正在被啟動，叫做聽覺記憶；朝左看，是在回憶聲音，朝右看則是在創造新的想法，比如你在想像別人會對你說什麼。

眼睛朝右下方看，則表示大腦的感覺區域和情感區域被啟動，叫做動覺記憶；不過這時候並不能區分不出人們究竟是在記憶還是在創建。

觀察身體反應，可瞭解心理活動

眼睛朝左下方看，說明大腦的聯合思維區域被啟動，正在進行邏輯思維，被心理學家稱為中立階層。

現在我們可以來測試一下EAC模型的有效性：

眼睛盯著左上方的某個點，在大腦裡浮現出某一幅你喜愛的名畫，如列賓的《伏爾加河上的縴夫》或者達文西的《蒙娜麗莎》《最後的晚餐》，當然也可以是別的你喜歡的。那幅畫你肯定已經看過很多次了，儘管你不一定特別地關注過它。儘量想出這幅畫的很多細節，比如，人物的臉、衣服、背景、畫面的整體顏色，等等。

給自己二〇～三〇秒鐘來做這個測試：

做完後，把畫面從你的腦海裡刪除，然後，把眼睛朝右下方看，重複以上的過程，盡力想像剛才那幅畫的畫面。你的腦海裡還可以很容易地形成圖像嗎？

儘管之前你成功地做了一次，但是這次眼睛在向右下方看時，想像畫面卻變得有些困難了，這是因為你大腦中的視覺區域不再被啟動了，換句話說，眼睛朝右下方看是不能調動視覺記憶的，只有在朝左上方看時才能調動視覺記憶。

如果你問一個朋友「你的假期過得怎麼樣」，並注意觀察他的眼睛，你會發現他的眼睛先是往左上方看，接著又迅速地往右下方看，這就表示他大腦中的思維過程是先回憶他的假期看起來怎樣，然後透過回憶他的感覺來確定對假期的記憶。這正好說明不同的感官創造了不同的思維方式。

16

人們所偏好的感官記憶各不相同

感官記憶是大腦思維的一個重要組成部分，那些專門研究記憶原理及提高方式的人已經發現人們所偏好的感官記憶各有不同，並成為他們提出不同記憶偏好者應該使用不同的記憶方法的理論基礎。

不同的人喜歡運用不同的感官記憶，有的人喜歡運用視覺記憶來思考外在的事物，有的人則喜歡運用聽覺記憶，還有的人喜歡動覺記憶，比如所有的身體感覺，包括觸摸、溫度，等等。與動覺感官記憶相應的內在元素就是我們的情感，非常感性的人就屬於這類群體。還有少數人喜歡味覺和嗅覺體驗，不過，從實用的角度來看，他們通常也被劃為喜歡動覺記憶的人群。

在感官記憶偏好中，這有一個中立群體，也就是上面提到的中立階層。他們不像視覺、聽覺或動覺群體那樣依賴外在的刺激，而是更喜歡運用邏輯推導的思維方式，對外在的事物喜歡仔細推敲，甚至和自己進行辯論（自言自語）。對他們而言，每件事情不是對就是錯，不是黑就是白，幾乎不存在灰色的中間地帶。

需要注意的是，有感官記憶偏好，並不是說我們就只使用一種感官記憶，事實上，每個人在接觸外界事物時，都會在不同程度上使用所有的感官記憶，但有一種感官記憶會使用得很多，起到主導地位，其他的感官記憶則主要用於印證主導的感官記憶。而各種感官記憶之間的搭配是因人而異的，比如，有的人非常喜歡聽覺記憶，但也會使用不少視覺記憶；有的人則幾乎完全依靠自己的聽覺記憶，而很少運用其他的感官記憶；有的人會以視覺記憶為主，同時運用情感和聽覺記憶來支援自己視覺記憶的變化；但也有不少人僅僅使用視覺記憶；等等。我們要在與人交往中透過多種方式來判斷其感官記憶偏好。

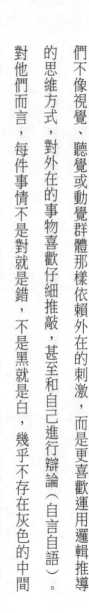

Chapter 2

如何判斷對方的主導感官

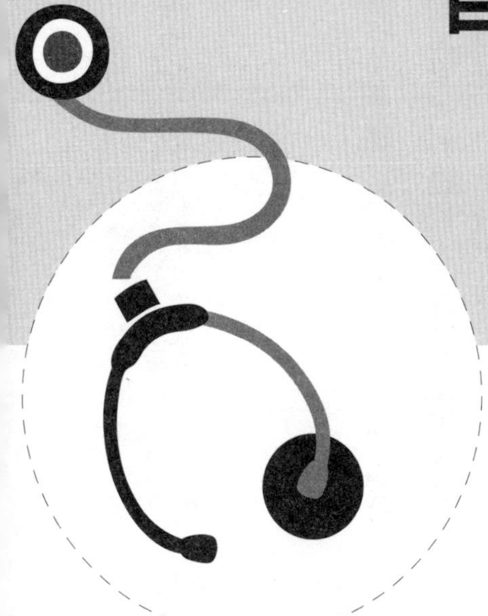

17 觀察眼睛運動方向判斷被啟動的感官記憶

前面介紹過，大腦裡的不同區域被啟動時，會導致眼睛以不同的方式進行運動，同時也介紹了EAC模型。現在我們運用它來判斷他人的感官記憶類型，這個模型強調了感官記憶在思維過程中的重要地位，認為可以透過觀察人們的眼睛活動來判斷出哪一種感官記憶正在被啟動。

再次複習一下EAC模型的內容：

眼睛向左上方看，表示他正在回憶圖像。

眼睛向右上方看，表示他正在腦海中創建新的圖像。

眼睛朝左看，表示他在回憶一些聲音，比如別人曾經對他說了些什麼。

眼睛朝右看，表示他正在創造新的想法，比如想像別人會對他說什麼。

受。

眼睛朝右下方看，表示他調動了身體感覺和情感，比如某個情境中的感

眼睛朝右下方看，表示他在考慮邏輯問題，或者在推理。

為了確保EAC模型真的適用於對方，你可以先詢問對方一些對照問題（見下面的例子），促使他們調動相應的感官記憶，然後觀察他們在回答問題時的眼睛活動。

1、考察視覺記憶的問題：

你奶奶家裡的窗簾是什麼顏色的？

描述一下電視上剛出生的那個嬰兒長得什麼樣子？

公園裡的假山是什麼形狀的？

……

2、考察視覺創建的問題：

櫥窗裡那件金色禮服穿在你身上是什麼樣子？

把那個圖案旋轉二七〇度是什麼效果呢？

想像一下在你客廳的電視牆畫上一幅山水畫作為壁畫，會怎麼樣？

……

3、考察聽覺記憶的問題：

你記得他走的時候說了什麼嗎？

某部知名電影的片尾曲開頭是怎麼唱的？

你用哪首歌做手機鈴聲？

……

4、考察聽覺創建的問題：

那個音符提高一個八度唱起來會怎麼樣？

劉德華的聲音在水底下聽起來會是怎樣？

如果請你幫蠟筆小新配音，你覺得如何？

……

5、考察動覺記憶的問題：

去年這個時候好像已經很熱了，你還有印象嗎？

那個店總是彌漫著一股很好聞的味道，像是栀子花的香味？

那款新上市的冰淇淋味道很棒，椰子口味混合著香草口味，你要不要嘗嘗？

……

6、考察是否是中立階層的問題：

你有自言自語的習慣嗎？

你喜歡遇到困難是自己鼓勵自己嗎？那時候你會對自己說些什麼呢？

……

當你需要瞭解別人時，可以透過上面六類問題進行提問，然後運用EAC模型判斷出對方哪個感官記憶被啟動。雖然EAC模型的正確性引發了很多爭論，但是更多的應用情況說明，它在多數情況下都是一種非常有效的模型。

運用ＥＡＣ模型進行判斷時，大部分人都適用，但畢竟「模型」只是一個簡化和概括，不可避免地會存在一些例外，例如，有些人的眼睛運動和所提示的感官記憶會完全相反。如果在詢問了一些對照問題之後，你發現對方眼睛的活動並不符合ＥＡＣ模型，那就不要運用這個模型。任何一個不符合這一模型的人總是有他們自己的模型，只要提一些對照問題就可以很容易發現這些模型。

18 主導感官決定我們喜歡使用哪種詞彙

你一定沒有意識到自己在所有的語言詞彙中存在著某種偏好，而別人和你一樣，也有很喜歡使用的詞彙，這就為我們發現別人喜歡運用哪種感官記憶提供另一種途徑——聽他們說話。人們的話語往往包含了各種各樣的判斷、描述行為的詞彙以及比喻。人們對感官記憶的偏好，會決定人們喜歡的詞彙和表達方式。

1、視覺詞彙及其表達

有視覺記憶偏好的人總是偏愛：光、看、瞅、瞧、觀察、看見、預見、洞悉、洞見、顯現、描繪、呈現、揭露、展示、畫面、肖像、景象、閃閃發光、澄清、多姿多彩等用到眼睛的詞彙，他們認為這些詞會使自己的語言形象生動。

這類人更傾向使用這樣的表達：

我想要見你。

我明白你的想法。

我需要更仔細地觀察。

能不能把你的意思用圖表示出來呢？

這個項目的前景看起來很光明。

幾年後你想起這個肯定還會笑出聲來。

這樣會使你的畫作更增光添彩了。

清澈的湖面泛起了陣陣漣漪。

2、聽覺詞彙及其表達

有聽覺記憶偏好的人會使用各種不同的聽覺詞彙，例如：問、說、聽、聲音、大聲、單調、沉悶、節奏、語音、聾、響、沉默、刺耳、悅耳、告訴、討論、評論、聽得見、傾聽、尖叫、聽眾、聽從、聽候、聽話、聽會、聽講、聽來、聽憑等與耳朵和口有關的詞語。

他們更喜歡用這樣的表達方式：

先聽我說完。

你的話聽起來挺有道理的。

能跟我說說你的想法嗎？

他們倆的聲音聽起來很像。

你慢慢說。

一個字一個字地說。

我從來沒有聽說過這種事。

我來給大家講個笑話。

我們也可以說。

3、動覺詞彙及其表達

有動覺記憶偏好的人，包括由觸覺或情感觸發記憶的人，以及那些喜歡運用味覺或嗅覺的人，他們喜歡用這樣一些詞彙：身心、酸的、甜的、苦的、辣的、鹹的、接觸、撫摸、觸摸、溫暖、冰冷、疼痛、緊張、切實的、沉重的、輕鬆的、平靜的、平滑的、粗糙的等和感覺感受有關的詞語。

他傾向於使用這樣的表達：

你不妨嘗試一下。

好香啊！

我心裡好痛啊！

我抓到牠了！

它最終還是陷下去了。

放鬆身體。

撫摸著一隻貓。

這才只是接觸到了問題的表面。

這種關係基於一個很堅實的基礎。

她很甜美。

4、中立詞彙及其表達

前面提到的中立階層總是喜歡用那些與感官無關的詞彙，例如：思考、邏輯、決心、決定、知道、理解、記住、估計、警惕、警醒、激勵、勵志、學習、接受、改變、放棄、過程等看起來毫無感情色彩的詞語。

這類人的說話聽起來或多或少像一篇論文，他們的表達方式都是以略帶冰冷的嚴謹為基調。不過最令他人感到尷尬的是，雖然他們說話是努力避免自己被誤解，但他們卻是最容易被誤解的一群人。這是因為人們通常都是以不同的感官記憶來解讀外界事物，而中立階層卻幾乎不使用與感官記憶有關的詞彙，這使得他們的話語聽來非常抽象、難以理解，而不同的聽者會以自己的感官記憶來自由地解讀，因此造成了許多種不同的理解結果。畢竟，透過自己能直接看到、聽到或感覺到的事物來和抽象的事物作參照，談話才會變得更容易理解，交流也更暢通。

此外，人們的主導感官不僅會影響詞彙使用，還會影響對事物的關注方向。例如上面提到的四種人剛剛看了同一場音樂劇，如果你問他們對音樂劇的感覺，他們的回答可能是下面這樣的：

他們把劇中所有的歌都重新演繹，配樂也加入了很多現代元素，真令人激動，這是一齣不錯的音樂劇，不過我不明白為什麼他們表演時要那麼聲嘶力竭？

我看的不大清楚，但這確實是一場不錯的音樂展示，尤其是高潮部分，表演得太成功了，我看到了一個閃亮動人的畫面。

我覺得劇場裡面雖然擁擠但也很溫暖，至於音樂，那給了我很深的觸動。

這個音樂劇立意新穎、主旨很貼合時代……

你能從中判斷出說話的人各是什麼感官記憶類型嗎？沒錯，說這話的人依次是聽覺記憶偏好者、視覺記憶偏好者、動覺記憶偏好者和中立者。

19 開放式提問和言行節奏告訴你對方的思維模式

很多的時候，我們遇到的人都比較複雜，有的人會程度不一地使用各類感官詞彙，而有的人實在深不可測。這使得我們很難單憑EAC模型或者對方講話所使用的詞彙就找到對方的主導感官。這時，你可以使用下面兩種方法：

1、詢問開放式問題

很多推銷員在面對一個陌生客戶時，常會用的一個老把戲，在一開始問：「這看起來怎麼樣？」如果沒有得到有效的回應，那就變成這樣問：「你以前討論過這個問題嗎？」或者「我希望知道你對此有什麼感覺」。你也可以運用這些問題來觀察你的交際對象，提問時要注意你的哪種提問方式最有效，然後再用符合那種方式的詞彙和描述。

在我們面對陌生人時，不能夠把前面那六類對照問題隨意使用，為了找到方向，不妨找一些簡單的但又不那麼具體的問題進行提問，例如，「你希望我以什麼樣的方式向你介紹呢？」「你覺得這個聞起來怎麼樣？」這些簡單的問題不同於前面介紹的那六類對照問題，簡單、泛指，但能夠為你瞭解對方更喜歡哪一種感官記憶提供有用的答案，因為它們更開放。

對於開放式問題，有的人會告訴你他想說什麼，有的人會要求把他想說的寫下來，並附上一些圖表給你看，還有的人會告訴你最重要的事情就是讓他們感覺良好，以便讓他們信任你。一旦你發現對方喜歡運用哪一種感官記憶，你就能在相當程度上瞭解他是怎麼思考的，他喜歡用什麼樣的方式進行交流，以及他會認為哪些事情很重要而哪些事情無關緊要。對他人具備這種瞭解，會大大增進你的讀心術，更不用說提高你的建立親善關係的技巧了。

2、觀察對方的言行節奏

除了開放式提問，你還可以觀察他人的講話節奏和肢體動作節奏，來判斷他們的主導感官，即使還沒有和他們對視或交談，也可以這麼做。視覺記憶偏好者的言行節奏都很快，動覺記憶偏好者節奏則很慢，聽覺記憶偏好者則不快不慢、居於其中。反之亦然：如果你知道對方的主導感官是什麼，就會瞭解他們的呼吸、講話和行為的節奏，幫助你提高對他人言行方式的接受程度。

對這種觀察方式稍加練習之後，你還可以模仿對方在思考時的眼睛運動，體會到對方正在想什麼，還可以幫助你體會到對方所聽到或感受到的事物。這些都不是有意識做的，而是在無意識中發生的，並且有助於增強你和對方之間的歸屬感和親和力。

當你瞭解了對方的感官記憶偏好，你就會更好地理解他想向你表達什麼。而透過把自己的語言調整成對方的語言，你也能更清楚地表達自己的想法，讓對方更好地理解你，而不產生任何誤會。更重要的是，如果你能用對方的方式表達自己，談論對方感興趣的話題，這不僅向對方表明了你和他的思維方式一樣，而且有助於你深刻地理解對方思維建立的過程。

20 行為特徵是主導感官作用的綜合表現

人們的行為方式受到所有感官的綜合作用，由於主導感官的不同，我們看到每個人都有自己不同的行為特徵，研究這些行為特徵可以為大多數人提供參照。

1、視覺記憶偏好者的行為特徵

喜歡運用視覺記憶的人，最關心事物看起來怎麼樣，尤其是他們自己看起來怎麼樣。由於他們對顏色、形狀和光線非常敏感，所以對他們來說，圖像比語言文字來得更快，在說話時，他們的語速總是很快，並經常以清晰有力的聲音來表達。這種快節奏的語速會導致他們呼吸加快、胸部起伏，因為他們在說話時從來就沒有時間休息停頓。而他們的肢體語言也會隨著說話的急促節奏變得同樣急促，就連走路時也不自覺地加快腳步。

前面介紹過，視覺記憶是被眼睛朝左上方看啟動的，例如在聽這類人的演講時，你經常會看到儘管他們也經常保持著與聽眾的眼神交流，但眼睛總是時不時地朝左上方看；當一個視覺記憶強烈的孩子在回答問題，也會不自覺地盯上左上方的天花板，如果老師說：「答案可不在天花板上」，並強迫他們直視前方，他們甚至會無法回答問題。

2、聽覺記憶偏好者的行為特徵

喜歡運用聽覺記憶的人言行節奏都比較慢，他們使用橫膈膜呼吸，並以悅耳的、有節奏的、富於變化的聲音講話。相對於視覺記憶偏好者來說，透過聽覺來收集資訊要比視覺慢得多，所以聽覺記憶偏好者的思考速度比具有強烈視覺記憶的人慢，而他們的語速與思考速度總是能保持一致，手勢則通常都圍繞著身體中段。

這類人通常處於一種放鬆的方式，其注意力會隨著關注點的移動而移動。

他們常常在思考的時候歪著腦袋，就好像在傾聽別人談話一樣。使用聽覺記憶的人很容易被其他噪音分散注意力，如果你和一位以聽覺記憶為主導感官的人談話，就會發現他常常分神，如果在他倒水的時候，跟他說話，他常常會不留神把水弄灑。

3、動覺記憶偏好者的行為特徵

喜歡運用動覺記憶的人總是能輕而易舉地說出他們對某件事物的感覺如何（不論是內在的還是外在的）。他們把關注點放在自己對事物的感受上，座位坐起來是否舒服，工作服穿起來是否得體美觀。

動覺記憶偏好者的言行節奏通常很緩慢，他們用腹部呼吸，或者以緩慢、溫柔而深沉的聲音講話，或者以尖銳高亢的聲音講話，而在講話之前，他們則要首先瞭解自己的感覺如何，正確與否，所以在重要講話前，千萬不能做任何影響他們感覺的事。

偏好動覺記憶的人的肢體語言幅度通常很小、節奏很慢，幾乎只發生在腹部周圍。對這類人來說，和別人進行交流時最重要的不是眼神接觸，而是觸碰。

4、中立者的行為特徵

目前還沒有發現中立者具有哪些相應的行為特徵，他們總是願意使自己言行看起來符合邏輯，因而顯不出獨特的地方。多數中立者看起來像動覺記憶偏好者，但他們又似乎不僅僅如此。

曾經有一個理論試圖解釋這其中的聯繫：由於我們的動覺感官（身體的和情感的）是最先發展出來的感官，而抽象思考（中立感官）出現得比較晚，所以一些中立的人不得不從動覺記憶開始。

他們早年間在情感受到的傷害，會導致他們把自己的情感封鎖在抽象嚴謹的邏輯推導這堵牆後面。這個理論也許能幫助我們理解他們，但不能幫助我們進行判斷，對這類人還需要使用本書中其他的讀心方式。

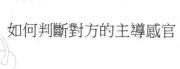

21

感官決定我們是誰——從職業來判斷

主導感官對我們的影響其實是隱藏在很多基本的事情之中的，譬如服裝的選擇、飲食的選擇、旅遊地的選擇……以及職業的選擇。表面上，人們對職業的喜好是基於自己所具備的能力，而從意識層面來講，人們選擇的總是那些能夠使感官記憶偏好得到充分發揮的職業。

視覺記憶偏好者，有著良好的視覺，他們通常會成長為優秀的畫家、服裝設計師、珠寶設計師、建築師，等等。

聽覺記憶偏好者的聽覺系統總是較常人更發達，在廣播電臺、電視臺、樂壇、心理諮詢界總是以這類人居多。

動覺記憶偏好者具備良好的動覺系統，能夠準確地感知自己的身體，他們往往會選擇與運動有關的職業，品酒師、調酒師、健身教練、登山運動員，等等。

中立階層，由於有著良好的邏輯推理能力，他們的選擇則會是能充分運用這種能力的職業，如律師、檢察官、科學研究，等等。

從人生的角度來說，主導感官不同的人將會有完全不同的經歷，動覺偏好者會有更豐富的內心體驗，而聽覺偏好者會接觸更多的音樂，視覺偏好者可能會到各種旅遊，中立者會很少做出衝動的決定，等等。因此，獲得交流對象的職業資訊和人生經歷資訊，可以作為我們判斷對方的主導感官的有效途徑之一。你只要判斷其所從事的活動中最需要調動哪個大腦區域，就能夠得到對方主導感官的有關資訊。

至此，我們介紹了以眼睛為主的各種感官對人們心理和行為方式的影響，以及判斷交流對象的主導感官的幾種方式，這將有助於你掌握與對方談話的相應內容，並將你的講話方式調整成更容易被對方理解、思考和交流的方式。換句話說，發現對方更喜歡運用哪一種感官記憶，你就可以運用他傾向於使用的那種交流模式，更好地掌控交際過程。

面對一個喜歡運用視覺記憶的人，你的講話要形象生動，勾勒出了未來光明的前景。而告訴對方如何建立一個堅固的基礎以避免可能產生的問題則是沒有用的，因為這些是動覺詞彙，對方是無法明白你在講什麼的。

在交流中這樣的情形並不少見：爭論雙方所講的其實是同一回事，但彼此就無法贊同對方。比如：

甲：「你難道真的看不出來我的意思嗎？」

乙：「是的，我聽見你所說的了，但我就是不明白你的意思。」

這裡的甲是視覺記憶偏好者，乙是聽覺記憶偏好者，他們談話時運用了不同的語言，現在乙改成了甲偏好的交流模式：

甲：「你難道真的看不出來我的意思嗎？」

乙：「好的，我這次會好好看一看。」

使用這樣的溝通方式，他們會很快達成統一意見的，因為他們彼此理解。

使用和交流對象同樣的方式說話，運用相同的比喻和描述方式，能說明你找到對方感興趣的事物，並很快形成一致。這在我們的生活和工作中有著很廣泛的應用。

例如，新產品推廣時，對一個視覺記憶偏好者，你可以請他看一看產品有哪些好處，對一個聽覺記憶偏好者，你可以讓他聽聽產品有哪些好處，對一個動覺記憶偏好者，你可以請他感受產品的好處。這樣的方式，有助於快速找到目標消費者。

22 明白別人在做什麼，才能做出正確回應

親善，是一切交流的基礎。親善的意思是「建立或重建和諧友好的關係」，也就是說，我們可以透過建立親善關係，創造一種相互信任、相互滿意和相互合作的人際關係。

親善是人們建立親密私人關係的首要條件，同時也是一切交流的基礎。如果你沒有和對方建立親善關係，那麼哪怕是要孩子把鞋放入鞋櫃裡這樣簡單的事也會舉步維艱，因為對方根本不會聽你的。

一個總統有了這種與他人建立親善關係的能力，可以和世界其他國家搞好關係，可以使國家的政府要員團結在他的周圍，將自己的政策執行好。美國的前總統雷根先生在人際關係方面有很好的能力，他和前蘇聯總統戈巴契夫一起

將隔離東、西德幾十年的圍牆推倒，並將自己國家的所有政治家團結在他的周圍來執行他的政策，最終結束了和蘇聯冷戰幾十年的局面。

一間公司總裁有了很好的人際關係的能力，他可以有效地和其他公司的總裁打交道來完成自己的目標；他可以有效地在公司內部建立起自己的威信，來完成公司的業績。

一個銷售人員如有很好的人際關係能力，可以將他的產品有效的銷出去。一個辦公室職員有了很好地與他人建立親善關係的能力，他可以處理好與同事以及上司的關係，這對他的升遷以及職場發展是及為有利的。

「水能載舟，亦能覆舟。」人在社會中生存，人際關係既能推動你走向成功，同時也能讓你頃刻間一無所有。所以我們一定要注重與他人建立親善良的關係，因為它是一切交流的基礎，同時也是我們人生發展能否順利的重要因素之一。

23 良好的人際關係加速成功的進程

有人才華橫溢，卻終生不得志，也有人能力平平，卻能夠節節高升。這其中，個人的機遇是一方面，但另外很重要的則是個人的人際關係狀況。一個人如果孤立無援，那他就很難幸福；一個人如果不能處理好人際關係，就猶如在地雷區裡穿行，舉步維艱。

古往今來，許多傑出的人士之所以被能力不如自己的對手擊垮，就是因為不善與人溝通，不注意與人交流，被一些非能力因素打敗。而人際關係好的人，則可以在每條大路上任意馳騁。

劉邦出身低微，學無所長，文不能著書立說，武不能揮刀舞槍，但劉邦生性豪爽，善用他人，膽識過人。早年窮困時，他身無分文，卻敢當座上賓。押送囚徒時，居然敢私違王法，縱囚逃散。以後斬白蛇起義，雲集四方豪傑，各種背景的人都為他所用，如韓信、彭越、英布，這些威震天下的英雄，原先都是他的死敵項羽手下的人。

至於劉邦身邊的文臣武將，如蕭何、曹參、樊噲、張良等，都是他早期小圈子裡的人，蕭何、曹參、樊噲更是劉邦的親戚。他們在楚漢戰爭中勞苦功高，最終幫助劉邦建立了西漢王朝。可以說劉邦能夠成就自己的帝王之業，離不開他手下的那些朋友。

不僅帝王將相需要借他人之力，就是平民百姓也離不開朋友、離不開良好的人際關係。人際關係背後的意義，其實比我們所能想得到的還要深遠。正如《不上，則下》一書時說：「那企業的總裁們，非常致力於發展『雙贏』互利關係的基礎。他們每個人都有如何步步高升到金字塔頂端的精彩故事，而大多數人把他們的成功歸功於身旁人的提拔。」

美國作家柯達同樣認為：「人際網路非一日所成，它是數十年來累積的成果。你如果到了四〇歲還沒有建立起應有的人際關係，麻煩可就大了。」

連美國石油大亨洛克菲勒在總結自己的成功經驗時也曾表示：「與太陽下所有能力相比，我更關注與人交往的能力。」正是洛克菲勒的這種卓越的人際關係能力成就了他輝煌的事業。

每個人都將成功作為自己追求的人生目標，因為在競爭的社會裡只有擁有事業的成功才是完美的人生。一個人的成長、發展、成功，都是在人際交往中完成的，甚至一個人的喜怒哀樂也都與他的人際關係息息相關。沒有良好的人際關係，人們無法預測自己的前途，無法面對困難，無法面對天災人禍；沒有良好的人際關係，人們就組不成家庭、社會和國家，也就更談不上個人的前途和發展。所以，別忽視了與他人建立良好的人際關係，它會在通往成功的道路上助你一臂之力，為你的成功加速。

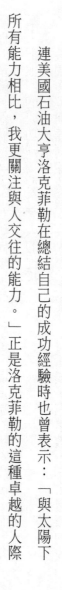

24 多一分理解，就能少一分摩擦

在美國的一次經濟大蕭條中，九〇%的中小企業都倒閉了，一位名叫丹娜的女子開的齒輪廠訂單也一落千丈。

丹娜為人寬厚善良，慷慨體貼，交了許多朋友，並與客戶都保持著良好的關係。在這舉步維艱的時刻，丹娜想要找朋友、老客戶出主意、幫幫忙，於是就寫了很多信。可是，等信寫好後才發現：自己連買郵票的錢都沒有了！

不過這同時也提醒了丹娜：自己沒錢買郵票，別人的日子也好不到哪裡去，怎麼會捨得花錢買郵票給自己回信呢？可是如果沒有人回信，那誰又能幫助自己呢？於是，丹娜把家裡能賣的東西都賣了，用一部分錢買了一大堆郵票，開始寄信出去，還在每封信裡附上兩美元，作為回信的郵票錢，希望大家給予指導。

她的朋友和客戶收到信後，都大吃一驚，因為兩美元遠遠超過了一張郵票的價錢。每個人都被感動了，他們回想了丹娜平日的種種好處和善舉。不久，丹娜就收到了訂單，還有朋友來信說想要投資她一起做點什麼。丹娜的生意很快有了起色。在這次經濟蕭條中，她是為數不多站住腳而且有所成的企業家。

如果想要與他人建立親善關係，就要學習例子裡的丹娜，多理解他人一分，我們交往的摩擦也就少了一分了。時常聽到有些人抱怨自己不被他人理解，但其實換個角度，可能別人也有同樣的感受。

當我們希望獲得他人的理解，想到「他怎麼就不能站在我的角度想一想呢？」時，我們也可以嘗試自己先主動站在對方的角度思考，也許會得到另種意想不到的答案，許多誤會也會迎刃而解。

一位女孩剛開始上網的時候，個性十足，上論壇最喜歡酸人，當然也會挨人家酸。但挨酸了，心裡不好過，吃飯都吃不下去。好友知道後對女孩說了一句話：「上網是為了快樂。」這句話如同醍醐灌頂，讓女孩一下子釋懷了。後來在網路上，女孩再也沒有和人吵過架，也不再惡意抨擊別人——不為別的，只為大家都要尋求快樂。

想想看，大家來自不同的城市甚至不同的國家，有不同的看法，如果沒有網路，大家如何能彼此交談？如何能夠彼此分享快樂，分擔憂傷？相識，本來就是緣分。珍惜緣分，珍惜彼此。傷人不快樂，被傷更不快樂。

溝通大師吉拉德說：「當你認為別人的感受和你自己的一樣重要時，才會出現融洽的氣氛。」我們需要多從他人的角度考慮問題，如果對方覺得自己受到重視和讚賞，就會報以合作的態度。如果我們只強調自己的感受，別人就會和你對抗，正如例子裡的女孩最終所體會到的一樣。

換個角度替對方多思考一下，多理解對方一下，關係立刻就會變得緩和。所以，如果我們想與他人建立親善的關係，就應該給他人多一分理解，多一分寬容，人際交往才會更順利。

25
讀懂人心才不會霧裡看花

人的複雜性不僅僅是生理構造上表現出的複雜性，還在於心理上表現出的複雜性。因此，當你不瞭解某人時，最好不要輕易被他的表像所左右。因為，這種表像很可能是一種假像。

美國心理學者奧古斯特·伯伊亞曾經做過一個實驗，他讓幾個人用表情表現憤怒、恐怖、誘惑、漠不關心、幸福、悲哀，並錄下來。然後，讓人們猜哪種表情表現哪種感情。結果，每人平均只有兩種判斷是正確的。當表現者做出的是憤怒的表情時，看的人卻認為那是悲哀的表情。

人是一個矛盾的綜合體。人們的喜怒哀樂，遠非自身所表現出來的那麼簡單。歡笑並不一定代表高興，流淚並不一定代表傷心，鞠躬並不一定代表感謝，拍手並不一定代表讚賞……

要想與他人建立親善關係，必須善於揣摩人的心理。你只有讀懂他人心，才不會霧裡看花，才能替他人遮掩難言之隱。

鄭武公的夫人武姜生有兩個兒子，長子是難產而生，因此叫寤生，他相貌醜陋，武姜心中深為厭惡；次子名叫段，成人後氣宇軒昂，儀表堂堂，武姜十分疼愛他。武公在世時武姜多次勸他廢長立幼，立段為太子，武公怕引起內亂，就是不答應。

鄭武公死後，寤生繼位為國君，是為鄭莊公。封弟段於京邑，國中稱為太叔段。這個太叔段在母親的慫恿下，竟然率兵叛亂，想奪位。但很快被老謀深算的莊公擊敗，逃奔共國。莊公把合謀叛亂的生身母親武姜押送到一個名叫城潁的地方囚禁了起來，並發誓說：「不到黃泉，母子永不相見！」意思就是要囚禁他母親一輩子。

一年之後，鄭莊公漸生悔意，感覺自己待母親未免太殘酷了，但又礙於誓言，難以改口。這時有一個名叫穎考叔的官員摸透了莊公的心思，便帶了一些野味以貢獻為名晉見莊公。

莊公賜其共進午餐，他特意把肉都留了下來，說是要帶回去孝敬自己的母親：「小人之母，常吃小人做的飯菜，但從來沒有嘗過國君桌上的飯菜，小人要把這些肉食帶回去，讓她老人家高興高興。」

莊公聽後長歎一聲，道：「你有母親可以孝敬，寡人雖貴為一國之君，卻偏偏難盡一份孝心！」

穎考叔明知故問：「主公何出此言？」

莊公便原原本本地將發生的事情講了一遍，並說自己常常思念母親，但礙於有誓言在先，無法改變。

穎考叔哈哈一笑說：「這有什麼難處呢！只要掘地見水，在地道中相會，不就是誓言中所說的黃泉見母嗎？」

莊公大喜，便掘地見水，與母親相會於地道之中。

母子兩人皆喜極而泣，即興高歌，兒子唱道：「大隧之中，其樂也融融！」母親相和道：「大隧之外，其樂也洩洩！」潁考叔因為善於領會莊公的意圖，被鄭莊公封為大夫。

這個事例告訴我們：與人相處，最重要的是那一份「心領神會」。有些事別人心裡在想但不好說出來，更不用說去做了，這時，需要旁人的默契配合來解圍。但是讀懂他人的心，準確領會其意圖，並非一日之功，需要平時細心留意，學會觀察生活。

26

解讀表情的能力是人際和睦的關鍵

俗話說：「出門看天色，進門看臉色。」無論做什麼事，對什麼人，只有讀懂對方的表情，摸清對方的心思後，再付諸行動，才能做到得心應手，萬無一失。

中國民間就有這樣的說法，老人總是告誡小孩子要學會「看臉色」，也就是從對方的神態表情和其他身體語言中探知對方的心，進而做出一些順從對方的事情，或者避免做出一些讓對方不滿意的事情。

關於「看人臉色」，還有一個關於康熙皇帝的故事。據說康熙皇帝到了晚年，由於年紀大了，產生了一個怪脾氣——忌諱人家說老。如果有誰說他老，他輕則不高興，重則讓對方倒大楣。所以，左右的臣子們都知道他這個心思，一般情況下都儘量迴避說他老。

有一次，康熙率領一群皇妃去湖中垂釣，不一會兒，漁竿一動，他連忙舉起釣竿，只見鉤上釣著一隻老鱉，心中真是高興。誰知剛剛拉出水面，只聽「撲通」一聲，鱉脫鉤掉到水裡又跑掉了。康熙長籲短歎，連叫可惜，在康熙身旁陪同的皇后見狀連忙安慰說：「看樣子這是隻老鱉，老得沒牙了，所以銜不住鉤子了。」

話沒落音，旁邊另一個年輕的妃子卻忍不住大笑起來，而且一邊笑還一邊不停的看著康熙。康熙見了不由得龍顏大怒，他認為皇后是言者無心，而那妃子則是笑者有意，是含沙射影，笑他沒有牙齒，老而無用了。於是將那妃子打入冷宮，終生不得復出。

為什麼皇后在說話時明顯說到「老」字，康熙並沒有怪罪她，而妃子只是笑了一笑，康熙卻怪罪她呢？首先是康熙的忌諱心理，他不服老，忌諱別人說他老，一旦有人涉及這個話題，心理上就承受不了。再者由於皇后與妃子同康熙的感情距離不同。皇后說的話，仔細推敲一下，有顯義和隱義兩個意義，顯義是字面上的意義，因為康熙與皇后的感情距離較近，他產生的是積極聯想，所以他只是從字面上去理解，知道皇后是一片好心的安慰。妃子雖然沒有說話，只是笑了一笑，但她是在皇后的基礎上故意引申，是把那隻逃掉的老鱉比做皇上，是對皇上的鄙視，因此是大不敬。

所以，同樣的問題，同樣的環境，由於不同的人物的不同理解，便引出不同的結果來。所謂「說者無心，聽者有意」，實際上究其原因，還是那個妃子沒有用心觀察別人臉色，不能讀懂皇帝心的緣故。

生活中，與人交往如果不用心，會遇到許多想像不到的問題，因為你並不知道自己什麼時候就把別人給得罪了。所以要想與人建立親善關係，一定要學會解讀對方的表情，學會用心，否則你就會面臨一道道難以預測的障礙。

27 聽懂話裡的「弦外之音」，交往才能順利進行

在日常交往中，通常存在著兩種類型話語：一種是表面話語，而另一種是「弦外之音」。「弦外之音」才是一個人真正表達其感情或祈求的內心話，因此，如果想要正確地理解他人，讓交往順利進行，我們就必須懂得如何去聽取對方話語中的「弦外之音」。

在日常的對話之中，我們是很難從對方話語的表面去瞭解他的真意。這時，就必須從隱藏在對話背後的「弦外之音」上著手探索，才能夠使彼此的意思或感情得到有效的溝通，才有助於建立親善關係。舉一個例子來說：

在一個天氣暖和的上午，曉雯坐在公園裡的一張長椅上欣賞風景。這時候，坐在離曉雯不遠的長椅上的一名男士，突然向她說：「今天天氣很好啊！

天上一片雲彩也沒有。」

如果從他這句話的表面來想，他只是向她敘述天氣的狀況，可是實際上，它還隱藏著許多的意義。首先，表示他很想和曉雯談話。其次，由於他怕曉雯不願意和他這樣一名素不相識的人對話，所以借這句話來試探她的反應。

如果他一開口就問：「妳從事哪一方面的工作？」「妳有幾個小孩？」「請問貴姓？」很可能曉雯不會理他，那他不是會很尷尬嗎？所以，他就借敘述天氣而和曉雯攀談。

為了能夠敏感地聽懂得別人弦外之音，我們必須養成這樣的習慣：當自己聽別人在說話，或者是自己在和別人對話時，要自問一下：「他為什麼要這麼說？」「他那句話中的『弦外之音』是什麼？」

如果對方是在炫耀他那光榮的過去，這時候我們就要留心了，因為此時他心裡正在期待著我們的誇獎，所以，只要順其意誇獎他，你就一定能夠獲得他的好感。

同時，我們也要懂得如何聽出譏諷、嘲笑、挖苦等言外之語。對方之所以會向我們說這種話，一定是因為對我們感到不滿才會這樣的。遇到這種情況時，我們不要立刻反駁或一味生氣，當做沒有聽到就好了，免得和對方發生不必要的衝突。

不過，事後最好能自己檢討一下，為什麼別人會譏諷我？我本身是否有什麼缺點？或者是無意中得罪了人家，才會引起別人的怨恨，而以譏諷來消除他心中的怨恨呢？當我們得知了其中的原因之後，並且及時改正自己的行為，那麼，雖然受到別人的譏諷，也可以說是「因禍得福」了。

如果我們能夠做到以上所說的，哪麼與他人順利交往、建立親善關係將會變得更容易。

28

別人待你的方式，就是他希望你待他的方式

生活中，我們常常會聽到這樣的抱怨：「我對他那麼好，他卻這樣待我！」、「他沒有理由對我這樣啊，因為我對他很好啊！」、「他向我借東西的時候，我什麼都沒問就很爽快借給他了！現在我向他借東西，他卻支支吾吾的，真小氣！」，等等。

這樣的聲音在我們的生活中每天都可以聽到很多，那麼為什麼人們會有這樣的抱怨呢？這是因為人們普通都在一種這樣的心理：我們怎麼對待別人，我們應該從對方那裡得到「等價對待」，即我怎麼對待別人，別人也應該如此對待我。如果我沒有受到至少是同等的對待，那麼我們就會認為這是不應該的事。這種心理被稱為「應該效應」。

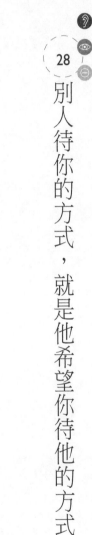

「應該效應」給我們的啟示是，別人對待你的方式就是他們期望你待他們的方式。比如，如果你知道某個人很喜歡送花，那麼這個人也一定會喜歡收到花；如果某個人在談話的最後喜歡加上「我愛你」，那麼這個人會希望聽到你也這樣說；如果某個人在你急需用錢的時候，雖然自己手上也不寬裕，但還是毫不猶豫地把錢借給了你，那麼當他向你借錢的時候，他也希望你不假思索地就把錢借給他。一旦你的行為和他對待你的方式有偏差，隨之而來的即可人際關係的受損，甚至是大矛盾或者雙方言語互傷。

所以在人際交往中，我們一定要清楚對方的這種「應該心理」，並採取相應措施及時滿足對方的這種心理，即使一時滿足不了，也應該盡可能採取補救措施，避免讓對方從心上產生「不平衡感」。

如果我們能做到這點，就可以輕鬆應對人際交往中很多無中生有的誤會，處理起人際矛盾也會得心應手許多。

29 親善的基本原則：把自己「變成」對方

每個人都喜歡與自己相似的人，中國有句古話是「物以類聚，人以群分」，說的是人們對和自己相似的人容易看著順眼，相似的兩個人容易成為朋友。

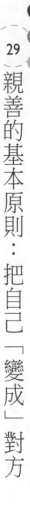

走在街上你會發現，濃妝豔抹的美女總是和同樣打扮前衛的女人並肩而行；素面朝天的女生身邊也總是一個同樣打扮簡單的女生。從外表上看就驗證了那句「物以類聚，人以群分」的老話。從深層次來看，濃妝豔抹的女人可能都對美容、服飾、流行這些東西感興趣，而素面朝天的女生則可能都喜歡看書、看電影。由此可見，通常情況下，人們喜歡那些在各方面與自己存在某種程度相似的人。

鐘子期和俞伯牙的友誼非常有名。俞伯牙有出神入化的琴技，而只有鐘子期才能聽出他琴技的高妙，於是鐘子期和俞伯牙成了最知心的朋友。後來鐘子期病死，俞伯牙非常傷心，在鐘子期的墳前將琴砸得粉碎，終生不再彈琴，因為已經沒有人能夠聽懂他的琴聲了，何況這還會勾起他對鐘子期的懷念和傷感。

鐘子期、俞伯牙之所以有超乎尋常的友情，就是因為他們有個相似的特點——對音樂高超的鑒賞力。因為無人能取代鐘子期，所以他在俞伯牙心中的地位是獨一無二的。

有科學家曾人為地將某大學的學生集體宿舍進行了安排，他們先以測驗和問卷的形式瞭解了部分學生的性情、態度、信念、興趣、愛好和價值觀等，然後把這些學生分為志趣相似和相異的，然後把志趣相似的學生安排在同一房間，再把志趣相異的也安排在同一房間，然後就不再干擾他們的生活和學習。過了一段時間後，他對這些學生進行調查，發現志趣相似的同屋人一般都成了朋友，而那些志趣相異的則未能成為朋友。

為什麼人會喜歡與自己有相似性情、類似經歷的人交往呢？這是因為當人們與和自己持有相似觀點的人交往時，能夠得到對方的肯定，增加「自我正確」的安心感。他們之間發生衝突的機會較少，容易獲得對方的支持，很少會受到傷害，比較容易獲得安全感。

此外，有相似性情的人容易組成一個群體。人們試圖透過建立相似性的群體，以增強對外界反應的能力，保證反應的正確性。人在一個與自己相似的團體中活動，阻力會比較小，活動更容易進行。所以，每個人都喜歡與自己相似的人。

如果你想與他人建立親善關係，不妨把自己「變成」他人，讓你們擁有相似的地方，這樣能迅速拉近距離，增進感情。

30

模仿對方的動作，能夠拉近心理距離

現在需要你閉上眼睛細想一下，在言情片中經常會出現的約會場面：一對甜蜜的戀人坐在茶館或者咖啡廳裡面，悠閒自在地品嘗著香茶或咖啡。他們的表情動作會有什麼特別之處嗎？

他們是不是時不時地做著同一種表情或同一個動作，就像是鏡外的人和鏡裡的影一樣？一方用手摸摸頭髮，另一方也用手摸摸頭髮；一方蹺起二郎腿，另一方也跟著蹺腿；一方捂著嘴笑起來，另一方也跟著捂著嘴笑；一方舉起了杯子，另一方也隨之舉杯……

想到或者看到這樣一幅畫面，你有什麼感覺或想法？是不是感覺很溫馨、很浪漫，感覺這兩個人關係非常親密、相互愛慕、心心相通？相信很多人都會有這種感覺。這是為什麼呢？其實，這是因為他倆的步調是如此的一致，從讀心的角度來講，這種感覺是有道理的。人與人之間這種表情或動作的一致被稱之為「同步行為」。「同步行為」不僅存在於戀人之間，在我們日常的工作生活中也普遍存在，比如親人之間、朋友之間、同事之間、上下級之間。那麼，是什麼誘發了人們的「同步行為」？

肢體動作是內心交流的一種方式。兩人彼此把對方作為所效仿的對象，應該是相互欣賞或有相同的心理狀態。即雙方的相互欣賞或看法一致誘發了他們的同步行為。換句話說，「同步行為」意味著雙方思維方式和態度的相似或相通。

一般而言，同步行為的一致性與雙方關係的和諧度成正比。在雙方的會面中，如果兩個人關係和諧、相互欣賞，那麼他們的同一行為會很多、很細微。反之，同一行為則很少。想想會議中人們的表情，對某種意見持贊成態度的人和持反對態度的人，是不是往往各自做出相反的動作？贊成的那部分人面帶微笑，不斷地點頭示意；反對的那部分人緊鎖著額頭，緊閉著嘴唇……

再想想生活中常會遇到的情景，去商場購物或去某展覽會參觀，你看上了一件物品，另一個人也看上了這件物品，你們倆一同走近這件物品，一邊看一邊發出讚歎聲，「真漂亮」，就幾秒鐘，你們便互生好感，頗有點英雄所見略同的感覺。

兩人志趣相投、相互欣賞產生了「同步行為」，反過來，「同步行為」也可以促進彼此的內心交流，加深彼此的好感與欣賞程度。在日常生活中，透過人為地製造「同步行為」，可以拉近彼此的心理距離，贏得對方的好感，讓雙方的交談在不經意間變得和諧愉快。

作為下屬，很多人都納悶：為什麼自己欣賞的主管也欣賞自己，自己不喜歡的主管也不喜歡自己？其實，這其中，「同步行為」就發揮了作用。你向主管傳遞了欣賞，他感覺到了，對你有了好感，也試著以欣賞的眼光看你。由此推理，如果想得到上司的認可與欣賞，你首先應該認可、欣賞上司。你不妨這樣做：與上司在一起時，當他無意中做出某個動作時，你也跟著做某個動作；上司做出某種表情，你也以同樣的表情回應。而作為領導者，有時故意與下屬同步也很有必要。比如，某下屬在你面前很緊張，你不妨擺出與其一致的姿勢，拉近彼此的心理距離，緩解下屬的緊張情緒。

對於有利益往來的雙方，「同步行動」的魅力也絲毫不減。在推銷或談判過程中，如果你的請求或勸說得不到回應，不妨故意製造一些「同步行為」，快速攻破對方的心理防線。比如，對方翻閱檔案，你也翻閱檔案；對方脫下外套，你也脫下外套；對方將視線投向窗外，你也掉頭欣賞窗外景色。如此反覆幾次，自然會引發對方的好感，緩和氣氛，使對方樂於接受你的意見，滿足你的請求。不過，在效仿對方的舉止時，要注意不露痕跡，否則，讓人誤認為你是在故意取笑他或討好他，反而壞事。

31 迎合對方的表達方式，用語言提升親密度

不知道在生活中你有沒有遇到過這樣的情況：當你掛斷電話時，和你待在一起的人不用你說就會知道你剛才和誰通話了。他們是如何知道的呢？正是從你的說話的方式裡聽出來的。因為在你和電話那頭的人通話時，你不自覺地整了自己的表達方式，使自己聽起來更像是電話那頭的人。而你之所以會這麼做，是因為這樣更容易提升彼此的親密度。

因此，我們如若想拉近與他人的距離，建立良好的親善關係，一個很好的方法就是迎合對方的表達方式。

1、個人表達

每個人都有各自的表達方式。我們常常喜歡在句子中添加一些多餘的、不

必要的詞彙，尤其是在句子結尾的時候，或者在句子一開始就使用一個從句。如果你聽到對方使用這樣的表達方式，那你就和他做一樣的吧！

2、口頭禪

幾乎每個人都有自己的口頭禪，而這些口頭禪可能是俚語、行話或者其他什麼。通常，這些詞句是我們從別人那裡學來並頻繁用的，而我們很少意識到自己正頻繁地使用這些詞句。所以，和某人建立親善關係的一條捷徑就是注意觀察他使用的口頭禪，即他講話時經常使用的詞句，然後你自己跟著他說一樣的。一旦你開始講對方的語言，向對方展示你和他類似，你所講的話就會很容易被地對方清楚領會。

3、行話

一般在談某些特定的主題時，行話使用地比較頻繁。比如，當你談論打高爾夫球時，有關高爾夫球的一些術語就可能被用到。使用行話，就等於向對方表示你對話題的瞭解程度和他一樣。如果對方使用的術語比你通常使用的多，而你也有足夠的知識來應付這些，那就儘管使用和對方一樣多的術語。反過來，如果對方使用的術語比你通常使用的少，那你也應該克制自己，不要使用多於對方的術語。

我們需要被接受和尊重，需要良好的親善關係，嘗試著迎合對方的表達方式，你會發現獲得這些也並不是特別難的事。

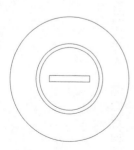

32 調整你的聲音，用聲音建立一致性

有這樣一個實驗：一個電話推銷公司為了讓更多的人訂閱雜誌，他們讓銷售人員給每個潛在客戶打一～兩次電話進行推銷。

所有的銷售人員被分成了兩組，第一組沿用老一套的方式進行電話銷售，第二組則得到了一個額外的指示：在打電話給客戶時，儘量模仿對方的語速。只是這麼一個小小的差異，結果卻大不同：第二組銷售人員的業績比以往提高了三〇%，而第一組銷售人員的業績則看不出有明顯的改善。

除了配合對方的語速後，我們還可以配合對方的語調和音量等。這些都是聲音裡的某一個元素。聲音是建立親善關係的另一個強有力的工具，我們可以透過調整自己的聲音，使之與談話對方一致來獲得對方的好感。我們需要根據

自己的判斷逐漸地調整聲音，但是大可不必精準地模仿對方的聲音，這樣不僅很難做到，而且會顯得很奇怪。為了使我們的聲音模仿地和對方相近，需要體會對方是怎樣運用以下這些元素的：

1、音調

注意對方的音調是低沉的還是輕快的？一般來說，男人講話時發出的聲音比他們的喉嚨應該發出的聲音更低沉，而女人講話時比她們應有的聲音更輕快。由於文化對行為的影響，我們習慣於用說話的音調來凸顯自己的性別。所以男人習慣於從喉嚨裡發出含混低沉的聲音，而很多女人則習慣於發出輕快尖銳的聲音吸引他人的注意。

2、語調

這一點主要是注意對方的聲音是不是始終保持在一種語調上？會不會在陳述完畢時使用降調？或者會不會在提出問題後使用升調？一般使用單一的語調或者語調保持不變的人，常常使人琢磨不透他說話的真正含義是什麼。比如他是認真的還只是開玩笑而已？他只是在陳述還是在提問？而說話時語調比較豐富的人通常比較容易理解。

3、語速

注意對方說話的速度是快還是慢？通常，我們說話的速度和思考的速度是一樣的，因此如果你說話太快，對方的思維速度可能就跟不上你，因而無法理解你所說話的意思，錯過了你想傳達的重要資訊。但如果你說話的速度又太慢，對方則很容易感到厭倦無聊，很容易走神，不能專注於你想傳達的資訊。甚者，你太慢的說話語速還會導致對方煩躁不安，一心盼望著早點結束與你的談話，避免浪費更多的時間。

4、力量和音量

模仿別人的音量相對來說比較簡單，而且很容易獲得對方的好感。說話輕言輕語的人，會喜歡你也把音量調整到小聲安靜的程度。而高聲說話的人如果發現你的嗓門也不小，會把你視為同類，越發喜歡你。

如果你嫌對方說話的聲音過大，你可以透過比對方講話更大聲，讓對方注意到他們自己講話的音量，進而使對方降低音量

5、飽滿度

飽滿度主要是用來形容對方的聲音是渾厚而抑揚頓挫的，還是細弱而輕快的。由於受文化的影響，飽滿而富於變化的聲音會被我們視為有力的、嚴肅的和可信賴的，而細弱輕快的聲音則視為帶些孩子氣的、女性化的和誘人的。

由此可見，聲音裡包含了不少元素。我們如若想建立與他人的親善關係，不妨模仿聲音裡的元素之一。

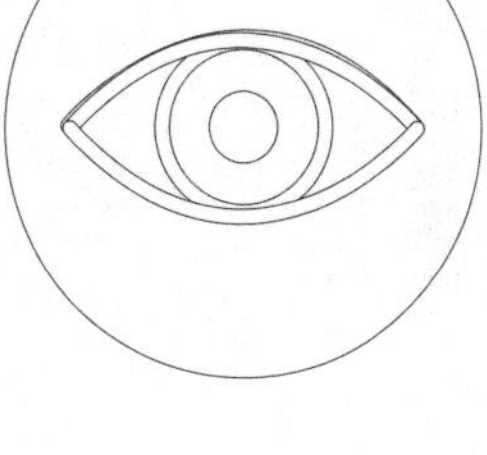

33 適當重複對方的話，以獲得好感

很多人都有這樣的錯誤認識，總是重複對方的話好像顯得自己比較囉唆，容易引發他人的不滿，但實際情況並非如此。的確，過多的重複容易給人造成一種錯覺，然而要是重複得恰到好處，適當的重複對方說話的重點，那麼對方便認為你很重視這次談話，能夠抓住談話的重點，那樣，效果就不一樣了。

在與人交談的過程中，適當重複對方的話，既可以增強自己的理解程度，體現別人對於對方的尊重，還可以對問題和結果進行強化，激發對方對談話的興趣、加深對自己朋友之間的交往，給人以信任感，這是不言而喻的。那麼，怎樣才能讓朋友對你產生信任感呢？其實很簡單——溝通的過程是最容易獲得朋友信任的時候，而在溝通過程中，能否適當地重複對方的話尤為重要。

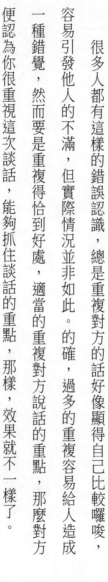

在恰當的時候重複對方說話的重點，這是一種加深他人對我們印象的一種最簡單又有效的方法。這是因為，大部分的人都對自己的語言都有一種特殊的感情，尤其是在某些情況下經過深思熟慮之後的發言，這類發言對於他們自我滿足感來說相當重要，這個時候一旦我們對他人的話不以為意或者不加重視，那麼很難讓他人對我們有什麼深刻的好印象，相反還會把我們納入一種不能「志同道合」的陌生人範疇，那樣我們就無法和這樣的人接觸、獲得他的好感了。

其實，在這個過程中，我們只要以同樣的心情瞭解對方的煩惱與要求，滿足一下他們內心滿足感或者說虛榮心，很容易收到相反的好效果的。因此，當我們與他人交談，聽取了他人的某種意見後，一面要點頭表示自己同意，一面要適當重複對方的話，這樣就能讓對方感覺受到重視，進而拉近你們的距離，不由自主地將你當做好朋友來接待。

34 配合對方的精神狀態，溝通效率倍增

要想建立與對方的親善關係，配合對方的精神狀態也是很重要的。要做到這一點，你必須要能夠注意到那個人的情緒狀態和精力值。

有的人在午飯時間之前情緒會有點低。他們在早上到辦公室後和同事打過招呼後，就會一直坐在椅子上，渾身散發著「不要打擾我」的氣息，要到了午飯時間，他們情緒才會好轉。但這並不是表示他們的工作狀態不太好，而是說他們需要更長的時間才會展開社交活動。

一般人的情緒狀態都會處於不斷的變化之中，但這類人就像慵懶的貓一樣，情緒只會處於一種狀態中，而且很少會表現出快節奏的肢體語言。但是有的人卻正好相反，他們常常精力充沛、堅決果斷。早上笑容滿面地衝進辦公室，

精神飽滿地和其他人打招呼，即使勞累了一天後，還能一路小跑回家。

也許你正精力充沛、興致勃勃，但是你的工作計畫需要得到一個昏昏欲睡、性格內向的同事的支持與合作，這時候，你最好稍稍放慢腳步，不能一開始就試著讓你們兩個人都充滿熱情。如果你大叫一聲，重重地拍一下同事的後背，害他嚇到，那麼你肯定會在要求與他合作時遭到拒絕。相反，如果你是那種行動遲緩、處處謹小慎微的人，而你恰好又需要與那些精力充沛、行動果斷的人合作，那麼你就必須想辦法點燃自己的激情，否則很可能激怒你的合作者。

有生理學家指出，每九〇～一二〇分鐘，我們的身體會經歷一個從精力充沛到精力衰竭的週期。在精力衰竭的時期，我們會開始覺得注意力分散、坐立不安、打瞌睡和感到饑餓。這個時候，我們的身體會需要一段時間來恢復。如果你恰好在對方進入精力衰竭時期時去與對方說話或者求對方辦事，那麼你碰壁的可能性會大大提高。

要記住，有時候你被對方拒絕，並不是因為你的創意不夠好，而是因為你的情緒狀態和精力值與對方不匹配。所以，如果知道對方在午飯過後更容易接受意見時，就要把會談約在午飯後，儘量調整自己，使自己配合對方的感受，這樣溝通效率也會大大提高。

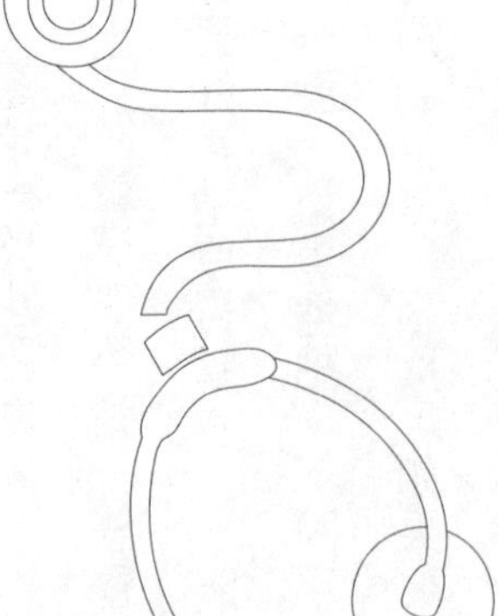

35 透過呼吸建立親善關係

建立親善關係的又一個基本方法，就是跟隨他人的呼吸節奏，即和他人以同樣的速度和強度進行呼吸，這樣做的用意在於讓你保持和他人一致的身體節奏。當你改變呼吸節奏時，你的肢體語言和談話也會自動發生相應的改變，而你也可以輕易改變談話的聲調了。這樣你和對方的聯繫同時也會變得非常微妙。不過，要做到和他人保持同樣的速度和強度呼吸是十分困難的。

如果你突然注意到某個人是怎樣呼吸的，那麼一定想方設法去迎合他們的呼吸。人們的呼吸方式決定了他們的呼吸能否被注意到，比如呼吸是重是輕？是用胸部呼吸還是橫膈膜呼吸？你可以透過觀察他人肩膀的顫動來發現他們的呼吸節奏，或者聆聽他們的講話，觀察他們講話中的停頓，以此來判斷他們什麼時候在吸氣。因為我們吸氣的時候通常是不說話的。

你還可以透過擁抱來清楚對方的呼吸方式。你要先觀察出你和對方呼吸節奏的差異，然後慢慢模仿對方的呼吸節奏大概一分鐘左右，再試著調整到與之同步。

在與人的交往中，一開始，你可能更多地把注意力放在觀察對方的一般節奏，比如對方的點頭、握手，等等，而不是對方的呼吸節奏上。接著，你才會開始模仿對方的呼吸節奏，漸漸地完全跟隨對方的呼吸節奏。如果你實在做不到這點，儘量使一般節奏與對方同步即可。

透過注意以及模仿對方的呼吸，也可以清楚對方的情緒。比如，當你和對方的呼吸同步時，你忽然發現對方的呼吸變得急促了，且胸部起伏，那麼即使他的表情看起來鎮定自若，你也可以知道他其實正焦慮著。這個發現可以讓你儘量配合他，讓你們的交往更順利。

Chapter 3

key

way

服裝潛臺詞

36 外表的每一面都有意義

常穿暖色系衣服者多開朗，常穿冷色系衣服者多含蓄。在選購衣物時，人們除了會遵循自己喜歡的類型和原則，還會考慮服裝的色彩。所以，透過觀察人們喜歡穿什麼顏色的衣服，也可以看出他具有什麼樣的性格特徵。

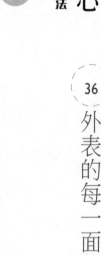

服裝的顏色大致上可以分為兩類：暖色系和冷色系。暖色系的顏色例如紅色、橙色，冷色系的顏色例如藍色、白色等。仔細觀察你會發現，一個人給別人的感覺就好像他身上穿的衣服給人的感覺，常穿暖色系衣服的人通常開朗大方，而常穿冷色系衣服的人則以內向含蓄者居多。

先來看看愛穿暖色系衣服的人。有的人喜歡穿黃色的衣服。這類人，通常有自己的獨特見解和想法，富有高度的創作力及好奇心。他們心情歡暢，性格外向，精力充沛，並喜歡幽默，樂於廣交朋友。他們也熱愛生活，身心健康，樂於助人，做事瀟灑自如。而且，他們通常都具有冒險、追求刺激和新鮮事物的特徵，無法忍受一成不變。他們還相當自信，對於自己的決定堅定不移，很少聽別人的安排。

有的人喜歡穿綠色衣服。這樣的人，性格外向、活潑，個性謙虛、平實，並且善於克制，不愛與人爭論。他們很少心緒煩亂，也少有焦慮不安或憂愁的感覺，是真正樂觀開朗的人。他們也具有有寬大的胸懷，對於自己不喜歡的人也不會刻意地排斥或疏遠，是真正和善可親的人。而且這類人道德感強烈，個性爽直，是聊天的最佳人選。

有的人喜歡穿粉色衣服。選擇此類衣服的人多是單純天真的幻想家，喜歡做「白日夢」。他們的心境一般都是純潔如白紙般的，而且比較感性，會因為一些完全與自己無關的事而生氣或者開心。他們處世溫和，希望在別人眼中是個高貴的形象，常常想讓自己呈現出年輕、有朝氣的感覺。不過，他們有強烈逃避現實的傾向，總是喜歡沉溺於自己的幻想裡。

再來看看愛穿冷色系衣服的人。有的人喜歡藍色或者藍紫色的衣服。他們的性格較缺乏決斷力、執行力。這類人平常待人雖溫和，但自尊心強。而且並不善於表露自己真實的情感。不過他們的自尊心非常強烈，不能允許別人不認真聽自己說話，哪怕是無關緊要的話。想和這樣的人交往，最好不要在他們面前說別人的壞話，因為他們可能會假惺惺地罵你。

有的人喜歡穿棕色的衣服。這樣的人自我價值觀很強烈，很害怕因為外來因素的介入而改變自己的現狀。他們的個性也很拘謹，在外表及處理事情的態度上，能給人一種很強的信賴感。他們對於人與人之間的利害關係分得很清楚，容易給別人一種冷漠的傾向，但其耿直的個性頗值得信賴。所以，他們是真正適合深交的朋友。

有的人喜歡穿黑色的衣服。黑色象徵著神祕和莊嚴，所以喜歡這類顏色的衣服的人常常會給人留下神祕、高貴的印象。而且，他們也確實不太善於社會交際，常常不知道該怎麼和人打交道。不過，和他們熟悉以後，你會發現他們是非常有趣的人。這類人性格通常多是溫柔善良，忠厚老實，且具有寬容的氣度。不過他們的依賴心非常重，有時候看起來好像是個樂觀的人，實際上是為了掩飾內心的不安和恐懼。不過，他們有堅持不懈的精神，無論做什麼都不喜歡半途而廢，任何事情都要徹底弄明白。

有人喜歡穿白色的衣服。一般情況下，這樣的人清廉潔白，是個現實主義者。他們常常會自以為是，對於自己喜歡從事的工作，則會勇往直前地追求和實現。不過，他們總會為自己的失誤找出各種藉口。他們沒有什麼話題可言，除重要的事情交涉後，關於酒色話題一般不參與談論。

為了維持自己的『白領』形象，他們無時不在為工作做出努力，他們是上司眼裡的精英、下屬心中的怪物。喜好穿白襯衫的人，總是以工作為人生的支點，是不折不扣的現實主義者，對工作有一貫認真的態度。白色的優點是與任何顏色都能搭配，所以，有時候他們也能給人一種親切感，但都是表面程度的親切，內心還是很疏遠的。

有的人喜歡穿紫色的衣服。這樣的人，性格內向，多愁善感，敏感多疑。他們通常具有不錯的文化素質和涵養，往往以藝術工作者居多。而且，雖然他們常常焦慮不安，然而往往能夠駕馭和控制內心感情的憂慮和苦惱。但是常穿紫色衣服的人又有些自視清高，對於不屬於同一領域或和他不是一個層次的人或事情，往往會表現出不屑的態度，容易讓周圍的人疏遠他們。

37 追求時尚者虛榮心強，不求時尚者個性較強

對於時尚，不同的人有不同的態度，有的人緊跟潮流、亦步亦趨，有的人卻不為所動，堅持自己的風格。

對於時尚的不同態度，也反映出一個人的心理性格特徵。在穿衣打扮方面追求時尚和流行，是從眾心理的一種突出表現。

關於流行，法國啟蒙思想家皮魯迪爾曾經這樣說道：「流行就如同善變的心與無聊的女神。」而喜歡追逐流行服飾的人，通常也是在服飾上缺乏主見的人，缺乏自己獨立的審美觀，因此只能一切以「時尚」和「流行」為選擇標準。這類人在團體中大多是順應型，總是把自己埋沒於多數人中，才能獲得安全感。

另一方面，熱衷於流行時尚的人，在心底裡常有一種孤獨感，害怕被孤立，

害怕和別人不一樣，因此透過追逐流行來融入大眾，獲得認同感。

而那些對時尚冷眼旁觀的人，往往是追求個性的人。他們對流行和時尚似乎漠不關心，總是按照自己的偏好和標準來挑選衣服而不是跟著流行走。在這些人看來，流行和時尚不過是一時興起的噱頭，而找到適合自己的風格才是最重要的，何況流行天天在變，今天登上時尚封面的，明天可能就變成俗物了。他們也並不在乎別人的眼光，不會因為自己的服裝風格遠離時尚而缺乏信心，除了對服裝有自己獨到的見解之外，在生活上也是很有主見和個性的一類人。

在人人都追逐流行的今天，這些能夠不受外界干擾、按照自己的喜好選擇服裝與款式的人，在生活和工作中通常獨立性較強，有很強的判斷力與決策力，並具有很強的自主性。凡事不容易受他人意見的左右，他們非常清楚自己需要什麼、適合什麼，對自己的決定和判斷充滿自信，一旦制訂了自己的目標，就努力完成，不達目的決不甘休。

同時，這類人也有過於自我的一面，常常聽不見別人的意見，總是以自我為中心，喜歡特立獨行、標新立異。在人際交往方面，個性不夠隨和，不容易和別人打成一片。

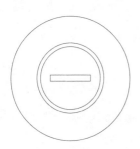

38

愛穿休閒裝的人嚮往自由，愛穿西裝的人重視名利

休閒裝和西裝是如今人們最主要的兩種著裝類型，不同的選擇偏好可以折射出一個人關切點的差異。

隨著工作壓力加大、生活節奏變快，休閒對於很多人來說似乎成了一種奢侈品。而越來越多的人也重新開始重視休閒，對休閒服裝的喜愛便是表現之一。不同的服裝帶給人們不同的心境和感受，職業裝讓人進入工作狀態，給人以專業和穩重的感覺，但難免顯得過於謹慎和拘束。而休閒服帶給人身體的徹底放鬆和舒適，更能給人帶來精神上的自由和愉悅，給人以無拘無束的自由感覺。喜歡穿休閒裝的人，多半是嚮往自由和舒適的人，個性也比較隨和。

服裝潛臺詞

這類人喜歡悠閒自在的生活方式，追求自然和簡單，因此在為人處世上也比較單純，沒有什麼心機，對人對己都沒有過多的要求。他們為人十分親切、隨和，做事腳踏實地，也是容易配合、妥協同人的人。沒有明確的自我主張，善於自我掩飾。因為不愛與人爭，所以通常人緣也很好。幾乎不會花言巧語地去欺騙和耍弄他人。而且凡事都傾向於往好的方面想。

在工作上，他們不喜歡被各種規則束縛，通常也比較有自己的想法和創意。他們追求簡單的人際關係，一般比較內向，埋頭於自己的工作或者興趣愛好，而懶於和人接觸，除非是關係很好的朋友。

西裝是人們在工作場合以及一些社交場合的正式著裝，一套合身的西裝能夠讓人看起來更成熟、更專業。因此，很多人即使在不必要穿西裝的情況下也總是穿著西裝，尤其是一些男性，常常都是西裝革履。他們認為西裝比較有品味，能夠體現自己的身分和地位，也能夠展現男性的陽剛之氣。整體來說，愛穿西裝的人，都希望給別人留下成熟、專業的印象。

穿西裝是很講究的，西裝的款式、顏色與襯衫、領帶、皮鞋的搭配，一樣都不能忽視，否則就會影響到整體效果。因此愛穿西裝的人通常十分重視自己的外在形象，而且大多做事講究原則和秩序，傾向於遵守傳統的觀念和各種規則，另一反面可能稍微缺乏情趣，生活中少了一點冒險和驚喜的成分。

西裝以單色、無花紋的居多，但也有例外，例如格子花紋和淺色西裝。格子花紋西裝在人群中很引人注目，愛穿格子花紋西裝的人，喜歡與眾不同。他們很有自己的主張和立場，不輕易聽信別人的意見，有時顯得特立獨行，也有一點矛盾的心理。一方面他們和很多人一樣穿西裝，不希望自己太特別，另一方面又選擇樣式特別的格子花紋西裝，因為不想和別人太一樣。

而愛穿淺色西裝的人，全身的搭配以白色或淺色系為主，外表看起來比較平靜、不苟言笑，而實際上屬於冷面笑匠。他們選擇淺色的西裝，一方面引人注目，另一方面是希望別人把注意力放在他的臉上而不是身體其他部位。這類人對於事物通常有詼諧的見解，談話機智而幽默。

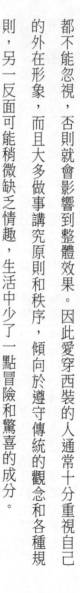

同樣是西裝，不同的樣式所隱含的資訊也是不同的，從一個人喜愛的西裝樣式可以觀察他的個性。一項關於西裝樣式的心理學實驗顯示，喜歡穿單排扣西裝的人比喜歡穿雙排扣西裝的人更容易相處。穿單排扣西裝的人較為隨和、親切自然，如果有陌生人和他打招呼，他會樂意和你交流。而喜歡穿雙排扣西裝的人，可能立即對你心生戒備，談話也非常嚴肅謹慎。

此外，西裝外套的合身程度也能夠反映一個人的心理狀態。服裝是人們塑造形象的重要方式，西裝也不例外。有的人在選擇西裝時，總是會選擇比自己的尺碼大一號的衣服，這並不是對自己的身材沒信心，而是另有原因。這類人通常剛剛離開校園踏入社會，略顯得不自信，因此希望透過寬大的西裝讓自己看起來更高大、更有力量。也就是借助服裝來提升自己的自信度。和這類人相處，最好多給予肯定和表揚，以尋求幫助的姿態打交道，這樣更容易贏得他們的信任和好感。

相反，選擇稍小的西裝外套的人，通常很有自信，喜歡控制別人，凡事按照自己的想法行事，在工作上會積極表現，行動力較強，和這類人相處不能硬碰硬，多稱讚他的魄力和主見更容易得到好感。

而喜歡穿著十分合身的西裝外套的人，十分注重自己留給別人的印象，保守穩重、有教養，但是不太願意和別人太親近。和這類人相處要採取溫和、循序漸進的方式，重視禮貌和規範，才能贏得他們的信任。

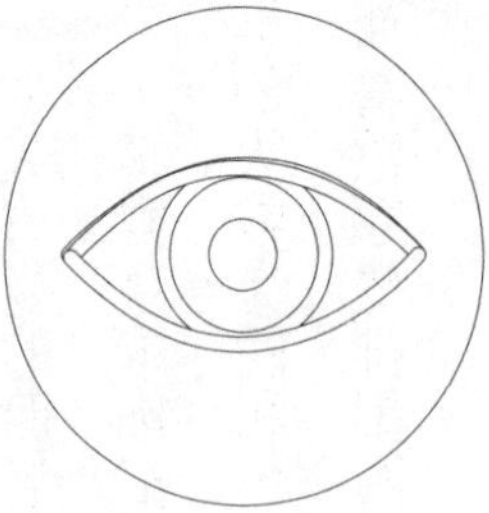

39

喜歡華麗花俏服裝的人有較強的自我表現欲

人們的穿著雖然不會說話，但是卻可以傳遞著不同的性格、愛好、及身分等多方面的資訊。比如，規規矩矩、一本正經的人，喜歡穿西服、繫領帶；穿黑色衣服的人，顯得冷靜、深沉；穿著豔麗的人，顯得活潑可愛；自由隨便的人，喜歡穿牛仔服、寬鬆式便裝；歪戴帽、敞胸懷、挽褲腿的人，顯示其性格粗獷，滿不在乎；地位高的人，則穿著嚴肅端莊。

所以，衣服可以反映人的性格。比如，總是喜歡穿華美服飾的人，有強烈的自我顯示欲。在大庭廣眾之中，你可以發現某些人總是穿著引人注目的華美服飾，這種人大多有強烈的自我顯示欲。他們總是希望別人能夠將目光集中在自己身上，也希望自己什麼時候都有一副光彩照人的形象。所以他們的自我顯示欲強，並且愛出風頭者。

同時，這樣的人對錢的欲望特別強烈。他們穿著華美，看似不是很缺錢，但是他們卻對錢有強烈的欲望，會想方設法地賺錢。因此，當你看到這類身著華麗服裝的同事或其他人時，就能洞察出他們的心理。如果你想得到他們的好感，可以多誇獎他的服裝服飾，滿足其膨脹的表現欲，這樣肯定會使他們對你好感倍增。

有的人追求名牌服飾，這類人通常晉升意識很強。現在有很多上班族對名牌服裝、名牌包等趨之若鶩，寧願吃泡麵度日也要省下錢來讓自己擁有更多的名牌。同樣，他們在選擇工作時最關心的是公司是不是有名，選擇男女朋友的時候最關心的是對方的家庭背景和高學歷。明星大學、大公司和名牌服裝一樣，都是上流社會的標誌，追求名牌則是想要躋身上流社會的一種表現，用各種名牌來包裝自己，讓自己看起來生活富裕而且很有品味。

喜歡追求名牌的人在工作中通常也有很強的競爭意識，他們明白，用名牌來包裝自己只是進入上流社會的第一步，關鍵還是工作表現。他們不滿足於僅僅擁有光鮮的外表，永遠不會安於現狀，不甘落於人後，因此會拼命工作，爭取早日晉升，進而獲得更高的地位和經濟條件。

有的人喜歡穿與眾不同的衣服。他們喜歡以自我為中心，標新立異。這種人對於流行趨勢毫不關心，只穿自己喜歡的衣服，他們的個性可以說是十分強硬。並且這種人認為，如果跟別人同調，豈不是失去了自我？所以他們堅決不與他人雷同。由於他們總是以自我為中心，故經常弄得大家不歡而散，所以人緣不是很好。並且，他們中的部分人，不敢面對外面的花花世界，而一味地把自己關在小黑屋裡，他們認為這樣很安全，並且有自己的特色。

有的人的穿衣風格不穩定，經常會突然改變服裝嗜好。這樣的人，不喜歡與別人有過密的交往，對什麼人都存有戒心。所以，對於這種突然改變自己服裝嗜好的人，若想與他們繼續保持良好的關係，應當對之視而不見，或者讚美他『穿什麼都很不錯』之類的話，相信他的心靈大門一定會向你敞開。而且，你承認他「穿得不錯」的態度要比別人質疑的態度強，這樣，過不了多久，他就會靠近你，與你交流、談心，說他改變服裝的原因，進而增進你們之間的關係。

有的人只跟著潮流走，喜歡穿最流行的衣服。這種人完全不理會自己的嗜好，甚至說不清楚自己真正喜歡什麼。所以他們以流行為嗜好，向流行看齊，隨著潮流走，沒有主見。他們不會自己決定，只能看大家都在追捧什麼，就跟隨大家。其實，這種人在心底裡常有一種孤獨感，他們很無助，不知道自己想要什麼。他們的情緒也經常波動，會很容易開心，也會突然間情緒低落。所以他們是經常有孤獨感、情緒不穩定的人。

有的人恰恰相反，他們會冷靜對待流行，不盲目追隨潮流。但是，他們也不會因循守舊，而是會漸漸改變穿著方式。這樣的人，情緒穩定，處事中庸，一般不會做什麼越軌的事。他們很理性，很少做出狂熱的行為。他們不過於順從欲望，也不盲從大眾時尚。因此，這種人比較可靠，值得結交。他們在工作的時候，也是穩重的領導者。

不同的人，會選擇不同的服飾。很多人或許未曾料到，穿上自己喜愛的衣服，包括顏色、質料、款式等，會把他毫無掩飾地袒露出來了。不過，只要我們用心觀察，就可以透過一個人的穿著，判斷出他的性格。

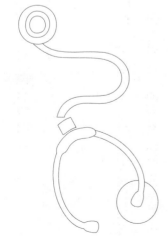

40 領帶的花紋顯示出「想要別人怎麼看自己」

領帶的作用類似於女人的絲巾，但男人的行事原則和人品秉性卻可以完完全全地展現在領帶花紋及打法上。仔細觀察周圍的男士，便會發現他們本性中的一些蛛絲馬跡。

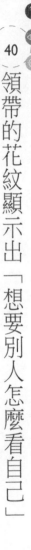

領帶中最常見的要數條紋領帶，例如深藍色底白色斜條紋，喜歡系條紋領帶的男人通常性格謹慎而保守，希望給人留下成熟、穩重，有能力的形象。剛進入社會的年輕人也常常違背自己的心意，選擇這種樸素大方的條紋領帶，讓自己看起來有種「很可靠」的樣子。

另一種常見的領帶樣式就是圓點花紋。繫這種領帶的男人通常是很好相處的好好先生，性格溫和但有時稍顯懦弱，特別是做決定的時候常常優柔寡斷，缺乏主見。

有時也會看見一些男人繫著顏色花哨的領帶，例如粉色系或紅色系。他們很注重自己的風度和形象，希望打造出很有魅力和吸引力的形象。他們選擇的領帶不但顏色鮮豔，而且通常有特別的圖案，例如動物、地圖等圖案，看起來十分亮眼，這也是他們希望透過領帶來表現自己的品味與眾不同。有些經理、總經理會刻意選擇別致的領帶讓自己和普通的員工區別開來。

除了領帶的花紋，從領帶與襯衫的不同搭配方式也能看出一個人的性格。不同的顏色搭配給人以不同的視覺效果，也正是一個人希望呈現給別人的形象。

深藍色領帶搭配白色襯衫的男人事業心重。「藍領」代表工人階層，「白領」代表管理階層，他們將兩者融合在一起，上下兼顧，少年老成，同時不乏風度翩翩；由於視野開闊，白領的誘惑遠遠超過藍領，所以他們對薪資十分專注，事業心極重，因此在奮鬥過程中常常出現急功近利的表現。

多色領帶搭配淺藍色襯衫的男人不夠專一。五彩繽紛是人們對美好事物的形容，充滿了迷離和誘惑，普通人和勤奮的人往往對此敬而遠之。所以選擇這種領帶和襯衫的人擁有一股市井氣息，熱衷於名利。路邊的野花繁多美麗，常常使他們心猿意馬，見異思遷的他們對愛情往往不能用情專一，追逐的目標總是換了一個又一個。

黑色領帶搭配白色襯衫的男人黑白分明。黑白分明是對於閱歷豐富之人的形容，所以喜歡這種打扮的人多為穩健老成之士。由於看得多，感悟也會多，他們懂得什麼是人生的追求。另外，他們還善於明辨是非，相信「善有善報，惡有惡報」，正義在他們身上得到了最大的展現。

黑色領帶搭配灰色襯衫的男人內心憂鬱。領帶黑色、襯衫灰色的男人不用看他們的表情如何，僅這身打扮就讓人有種不舒暢的感覺。這種人一般都有很深的憂鬱，而這份憂鬱是氣量狹小所致，他們選擇這身打扮，正是為了掩蓋這個缺點。

紅色領帶搭配白色襯衫的男人熱情開朗。紅色象徵火焰，代表奔放的熱情，更是一種積極和主動的表現，所以男人選擇紅色領帶，就像追逐太陽的光輝，以使自己成為注意的焦點。他們本應該屬於充滿野心的類型，但白色代表純潔，是和平與祥和的象徵，白色襯衫讓別人對他們刮目相看，見到他們如火一樣的熱情和純潔的心靈。

41

T恤上的文字和圖案想要表達什麼

當今，T恤已經成了夏日裡最普遍而且最受歡迎的服裝，男女老少皆宜。在過去，T恤只是用來保暖和吸汗的內衣，可是現在，它已演變成了一面公眾告示牌，自己可以任意在上面留下或記錄各種情緒和想法。所以，選擇什麼樣的T恤可以更直觀地看出一個人具有什麼樣的性格。

習慣於選擇沒有花樣的白色T恤的人，多是一些自己比較獨立的人，他們不會輕易地向世俗潮流低頭。他們一般都會具有一定程度的叛逆性，但表現的形式往往不是特別明顯與恰當。

喜歡選擇沒有花樣的彩色T恤的人，自我表現欲望並不是十分強烈，他們甚至可以甘於平庸，做一個默默無聞的人。他們多數比較內向，不喜歡張揚，而且富有同情心，在自己能力許可的範圍內，會去關心和幫助他人。

喜歡T恤上印有自己名字的人，思想多數是比較開放和時尚前衛的，能夠很輕鬆地接受一些新鮮的事物，他們對一些陳舊迂腐的老觀念多是持一種排斥的態度。他們的性格比較外向，喜歡結交朋友，為人比較真誠和熱情，所以通常會有良好而又不錯的人際關係。他們的自信心很強，有一定的隨機應變能力，在不同的情況下，能夠隨機應變地做出應對策略。

喜歡T恤上印上各種明星的畫像及與之有關的東西的人，多屬於追星族，他們對那些人十分的崇拜，並且希望自己有朝一日能像他們一樣。他們很樂於向別人表達自己的這種心理。

喜歡在T恤衫上印上一段幽默標語的人，多具有一定的幽默感，而且很聰慧。另外，他們也是具有很強的表現欲望的，希望能夠引起別人的注意。

喜歡穿印有學校名稱或大企業標誌的T恤，這種類型的人一般比較希望他人知道自己的身分，並且對自己所在的單位和企業具有一定的感情。他們希望能夠以此為載體，吸引一些志同道合的人。

喜歡穿印有著名景點風景的T恤，這一類型的人對旅遊總是很有興趣的。他們的性格多是外向型的，對新鮮事物的接收能力很強，而且具有一定的冒險精神。他們的自我表現欲很強，希望把自己所知道的一切都傳達給他人。

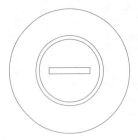

42

總是穿相似款式鞋子的人，不愛冒險

鞋子，並不像人們所想像的那樣，單純地只起到保護腳的作用，這只是鞋子最基本的功能。在觀察他人的鞋子的時候，人們除了注意其美觀大方外，還可以透過鞋子對一個人進行性格的觀察。

有的人特別偏好某一類型的鞋子，雖然擁有很多雙鞋卻都大同小異，始終穿著自己最喜愛的一款鞋子，這一雙穿壞了，會再去買另外一雙差不多的，這樣的人思想是相當獨立的。他們知道自己喜歡什麼，不喜歡什麼，他們十分重視自己的感覺，不會過多地在意他人怎樣看。

他們做事一般比較小心和謹慎，在經過仔細認真地考慮以後，要麼不做，要做就會全身心地投入，把它做到最好。他們很重視感情，對自己的親人、朋友、愛人的感情都是相當忠誠的，不會輕易背叛。

具體來說，又有以下幾種情況：

1、喜歡穿細高跟鞋的人

穿細高跟鞋，腳在一定程度上是要受些折磨的，但愛美的女性是不會在意這些的。這樣的女性，有很強的表現欲望，她們希望能引起他人和異性的注意。

2、喜歡穿運動鞋的人

喜歡穿運動鞋說明這是一個對生活持積極樂觀態度的人，他們為人較親切和自然，生活規律性不強，比較隨便。

3、喜歡穿拖鞋的人

喜歡穿拖鞋的人是輕鬆隨意型人的最佳代表，他們只追求自己的感覺和感受，並不會為了別人而輕易地改變自己。他們很會享受生活，絕對不會苛刻地強求自己。

4、喜歡穿露出腳趾的鞋子的人

喜歡穿露出腳趾的鞋子，這樣的人多是外向型的，而且思想意識比較先進和前衛，渾身上下充滿了朝氣和自由的味道。他們很樂於與人結交，並且能做到拿得起放得下，比較灑脫。

在古羅馬時期，人們就用鞋來凸顯一個人的身分。只要出身高貴或者良好教養家庭的人會在成長中被教育道：鞋子是一個人的身分象徵之一。正是因為鞋子容易被人們忽略，因此那些重視鞋子的人才是真正重視形象的人，你會發現那些每天把皮鞋擦得很乾淨的人，在其他方面一定也是一絲不苟、乾淨整齊的。

一般來說，人們觀察別人的外貌最多關注的頭部和衣服，很少有人注意鞋子。鞋子跟衣服比起來，是目光不太注意的地方。而如果有人不僅衣著講究，對鞋子也很講究，那麼可以說這樣的人才是真正重視打扮的人。

43 穿著另類的人，心理也另類

雖然說每個人都有自己喜歡的穿衣風格，但整體上大多數人的服裝都是符合大眾標準、合情合理的。但有的人一旦出現在公眾場合，一定會招來眾人的目光以及隨之而來的疑問「他（她）為什麼穿成這樣？」

穿著另類的人大致可以分為兩種類型。一種是不分季節、場合，穿了不合時宜的衣服。例如穿著隨便地出現在非常正式、講究的場合，這樣的人如果不是判斷失誤，就是故意想要吸引別人的目光，不喜歡受一般規則和觀念的束縛，就要和別人不一樣。另一種是在服裝款式和搭配上十分另類，既不屬於時尚潮流，也不符合一般人的審美標準，讓人看了十分納悶。如果仔細觀察你會發現，他們常常獨來獨往，很少和朋友在一起，行為上也有些另類。

整體來說，穿著上另類的人，通常性格也比較了另類。他們不太和人交流，也不喜歡主動接近別人，習慣待在自己的世界裡，而外面的世界在他們的眼裡是庸俗、奇怪的，所以他們對人很冷漠，而他們另類的穿著打扮也讓別人不敢輕易接近，因此更加劇了這種隔閡，久而久之便很少與人打交道，並且在行為和服裝上都與眾不同，好像在和其他人劃清界限。

這類人常有著一些與別人不一樣的想法和舉止，他們的行為在別人看來無法理解，有時在別人眼裡他們就是一群瘋子。而普通人的生活在他們眼裡則太死板，缺乏創意和想像力，只是按部就班地過著和所有人一樣的日子。所以他們不喜歡別人的生活方式，也不願意讓別人走進他們的生活。因此，這樣的人朋友很少，因為真正能接近並理解他們的人很少，只有理解他們才能與他們這樣的人成為好朋友。而他們一旦有了朋友，那這個朋友一定是可以推心置腹、無話不說的朋友。

44 穿衣風格是思想的形象

大文豪郭沫若曾說過：「衣服是文化的表徵，衣服是思想的形象。」意思是說人可以透過衣著打扮來向外界展示自己。

現在的人們提倡張揚個性，不再拘泥於某一種形式，可以更加充分地表現自己的心理狀況、審美觀點等，因此，我們可以從穿衣風格來把握一個人的性格特徵。

喜歡穿簡單樸素衣服的人，性格比較沉著、穩重，為人比較真誠和熱情。這種人在工作、學習和生活中，對任何一件事情都比較肯幹，誠實、勤奮好學，而且能夠做到客觀和理智。

但是，如果過分樸素就不太好了，這種情況表明其缺乏主體意識，軟弱而容易屈服於別人。

喜歡穿單一色調服裝的人，比較正直、剛強，理性思維要優於感性思維。

喜歡穿淡色便服的人，多為比較活潑、健談，並且喜歡結交朋友的人。

喜歡穿深色衣服的人，性格十分穩重，一般比較沉默，凡事深謀遠慮，常會有一些意外之舉，讓人捉摸不定。

喜歡穿式樣繁雜、五顏六色、花俏衣服的人，多是虛榮心比較強、樂於炫耀的人，他們任性甚至還有些跋扈。

喜歡根據自己的愛好選擇服裝而不隨潮流而動的人，大多獨立性比較強，有果斷的決策力。

喜愛同一款式的人，性格大多比較直率和爽朗，他們有很強的自信心，愛憎、是非、對錯往往都分得十分明確。他們的優點是行事果斷，顯得十分乾脆俐落，同時他們也有缺點，那就是清高自傲，自我意識比較強，常常自以為是。

喜愛寬鬆自然的打扮，不講究剪裁合身、款式入時的衣著的人，多是內向型的。他們常常以自我為中心，而無法走進其他人的生活圈子裡。他們有時候很孤獨，也想和別人交往，但在與人交往中，又總會出現許多的不如意，所以到最後還是以失敗而告終。他們多半沒有什麼朋友，不過一旦有，就會是非常要好的。他們的性格中害羞、膽怯的成分比較多，不太喜歡主動接近別人，也不易被人接近，他們對團體活動通常是沒有興趣的。

需要注意的是，社會賦予每個人一定的社會角色，人們在公共場合被要求表現出符合特定角色期待的行為，儘量隱藏自己的個性，而在家裡或是自己房間裡時，則可以卸下偽裝，放鬆下來，做真實的自己，一般人在家裡的著裝和上班與外出時穿的不一樣，但也有人即使在家也穿戴整齊，從中可以反映一個人內心的防備程度，不同的居家穿著反映不同的心理。

很多人只要在家裡就會一整天地穿著睡衣，非常享受在家休息的悠閒時光，這樣的人通常比較會享受生活，把工作和生活分得很清楚，上班時間穿著乾淨俐落的職業裝，全身心投入工作，休息日就應該享受生活，換上柔軟舒適的睡衣，悠閒地做點自己的事情。也有的人總覺得自己在勉強地過著社會的生活，承受著沉重的壓力，因此想借著假日一整天都穿著睡衣，為自己取得一點平衡。

相比起來，在家裡都穿著牛仔褲和T恤的人，對衣著更花心思，即使在自己家裡，也不會顯得太隨便太邋遢。此外，這樣穿著即使臨時需要出門或者有人來訪也不需要換衣服，無礙於與他人碰面，說明內心可能期待與人接觸，即使在家休息的日子也不例外。

也有人即使是在自己家裡，仍然穿著襯衫、裙子等正式的服裝，頭髮也像平時一樣梳整齊，不會亂蓬蓬的。毋庸置疑的，他們是很講究打扮的人，以深層心理來看的話，是常常對外人擺出姿態，一整天都不會有無精打采的樣子。因為這類人的個性是「不讓別人看到自己沒防備的樣子」，所以很難跟人毫無隔閡地融洽交往。同時，他們對於不喜歡的人，不會直接表現出嫌惡的態度，反而會笑容可親地對待人。一般人對他們的評價是「很有修養的人」。然而，他們的外在或心裡都對人很不安·因此，或許是為了顯現自己比其他人更優越，所以在服裝上更加講究也說不定。

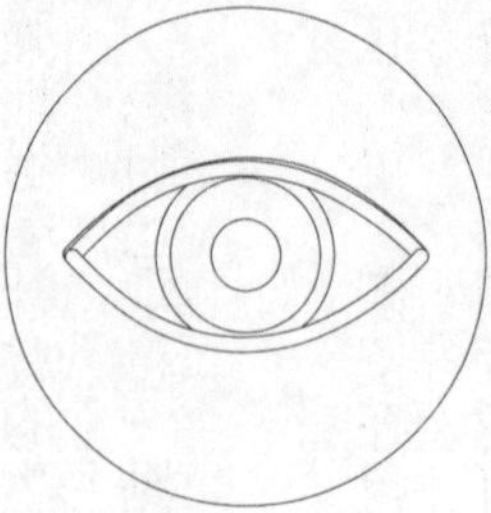

45 節儉穿鞋的男人很保守

在英國女性中流傳著一種新的擇偶方法，可以讓她們在一分鐘之內確定眼前的這個男人是不是自己夢中的白馬王子。

聽起來很神奇，其實這都是透過看男人腳上穿的鞋子來確定的。或許我們不相信，鞋子可以向人透露出很多資訊，包括你的性格、經濟狀況、社會地位、職業及年齡。所以，從鞋的選擇上，可以反映出一個人的個性及心情。

比如，節儉穿鞋的男人很保守。當買完一雙鞋子之後，他就非常珍惜它，希望鞋子能穿久一點，進而可以節省一筆置裝預算。而他鞋櫃中的鞋子，時間都很長。這樣的人，是屬於拘謹、放不開的保守型男人。在為人處世上，不夠圓滑，常常會得罪人而不自知；在人際關係上，周旋的格局較小；在專業領域中，他會因默默努力，而有成功機會。因此，這樣的人，是比較理想的結婚對象。而且，他的保守和嚴謹，使他有許多真心的朋友。不過，這樣的人，內心也是熱情的。他可能第一次約會時，心中就對妳有著無限的遐想，希望能早日和妳變成情人，親密無間。但他那拘謹、保守的個性，又壓抑著內心，不敢向妳表白。如果，妳喜歡上了這樣的男性，不妨主動表白，往往會收到意想不到的結果。

有的男人愛穿休閒鞋，這樣的人重品味。他們對於鞋子要求很高，不但要舒適，而且更注重鞋子的款式，還要搭配合適的服裝。因此，這種類型的男人是注重休閒生活和生活品味的男人。他們喜歡掌握主動權，主觀意識強，對自己的要求很嚴格，對異性的要求更是挑剔。

在生活上，他們也是有規律的計畫者。和這樣的人約會時，你可以感覺到他是個十分體貼的好情人，態度溫和有禮，言談風趣幽默，他也是個十分瞭解自己喜歡什麼樣女子的人。不過，和這樣的人約會時，即使妳不合他的理想，他也會很親切，別以為他對妳有好感，他只是有紳士風度而已。

有的男人會重複購買固定式樣的鞋子，這樣的人很懷舊。他們對於自己習慣的人、事、物，總有一份深深的依戀，就算他的情人無理取鬧、任性、孩子氣，他們也會以一種包容的心態去待他，直到他漸漸成熟明理。因此，這種類型的男人是很念舊的男人。他的老朋友很多，對朋友十分講義氣，他會為朋友出頭且適時伸出援助之手，讓老朋友覺得他是個值得信賴的靠山。

有的男人愛穿正統黑皮鞋，這樣的人多是大男子主義者。他們習慣穿正統黑皮鞋，並且把鞋子擦得亮亮光光，絕對不能忍受自己穿雙髒鞋子或舊鞋子出門。這種類型的男人，若是連休假或約會都習慣穿他那正統的黑皮鞋，妳可要有心理準備，他肯定有不折不扣的大男人主義傾向，他有一套屬於自己的待人處事原則，很難因為誰而修改。而且，他們對母親的意見十分看重。

有的男人習慣於隨便穿鞋，這樣的人不拘小節。他們不在乎自己穿什麼鞋子，亂穿一通。有的時候鞋子與衣服一點兒也不搭配，哪怕是鞋子早已破損、式樣過時，他也無所謂。甚至不穿襪子、襪子已破損、穿錯，他都可以忍受。私生活沒什麼條理，又喜歡做白日夢，相信總有一天自己可以一步登天，容易過著自欺欺人的生活。他們的感情世界紛亂複雜，常常是忘不了舊愛，又拒絕不了新歡。三角戀、四角戀糾纏一起，而當一切紛爭引爆時，他還會選擇逃開。他們眼高手低，總覺得自己可以把事情做好，而實際上他們毫無能力。

透過觀察男性愛穿什麼樣的鞋子，可以判斷出他們的性格是怎樣的。

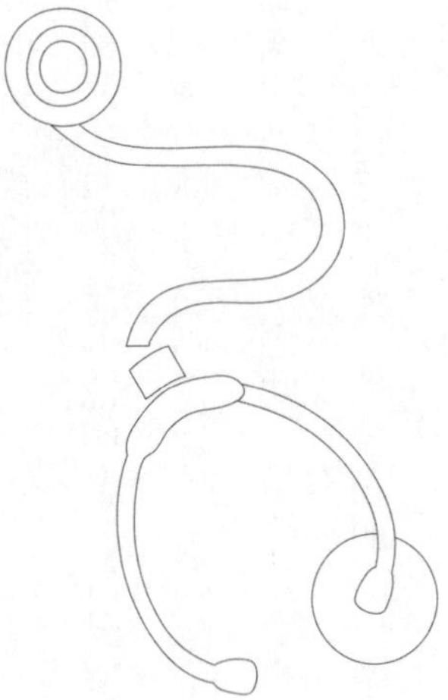

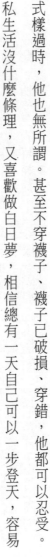

46

喜歡穿運動休閒鞋的女人警覺心強

大多數女性愛穿高跟鞋，高跟鞋讓女人顯得高挑美麗，然而也有一部人女性喜歡穿運動休閒鞋。喜歡運動休閒鞋的女人通常警覺心比較強。她們表面上看來大而化之，容易相處，但是她們非常會保護自己，警覺心很強。因此，一般朋友比較難看出她是怎樣的人，但是相處久了，就可以從她隨和的外表下，發現她內心的防衛。她可以很容易和人打成一片，但是卻不能讓別人真正深入自己的內心。

不過，在外表堅強的防衛之下，其實她有非常脆弱的情感。如果有誰能真正走入她的內心，都能和她成為很好的朋友。而且，她們外表好像很容易和男生相處的很好，其實她們都把這些男生當成同性朋友一般，反而對於心裡喜歡的那一位，保持距離、敬而遠之。

喜歡厚底、前衛鞋的女人外表大膽內心保守。這樣的女性，注意時尚並且追逐流行，喜歡成為大家注目的焦點。因此，她們外表看來作風大膽，其實，她們的內心相當保守。之所以打扮的與眾不同，可能是她們對自己本身不具備足夠的信心，所以會希望成為流行的一份子，讓人也注意到她的存在。

喜歡學生鞋的女人單純敏感。這樣的女性，個性單純敏感，家庭教育嚴謹，容易壓抑自己的情感。可能是年少的時候，爸媽管得比較緊，或是學校、工作場所風氣較為保守，所以平時言行比較內斂，但是這樣的女子其實內心會想嘗試一些冒險的經歷，當條件成熟的時候，她們很可能做出讓人意想不到的事。

喜歡高跟鞋的女人成熟大方。喜歡穿高跟鞋的女子，個性成熟大方，喜歡思考，頭腦聰明。在生活及工作上都相當盡責與努力，對周圍的人、事物要求會比較高，但是因為想要的東西太多，有時會因為無法滿足而脾氣不佳。不過，這樣的女子比較適合坦誠相對，如果她覺得你是一個值得交往的朋友，是不會故意擺架子刁難你的。

喜歡靴子的女人愛自由。喜歡穿短統靴子或長筒馬靴的女子，愛好自由，不喜歡受拘束，勇於表現自己。一般來說這種女子不是外表出眾，就是相當聰明有能力，容易成為異性傾慕的對象。而且，她們看起來比較難以接近。不過事實上，她們也是外表冷漠，內心熱情的。

喜歡涼鞋的女人很有自信。她們喜歡將自己美好的一面表現出來，而且，她們的人緣不錯，朋友也不少，對異性也很有興趣。不過她們的個性頗為固執，不易說服。而且，她們缺乏耐心，一旦覺得這個人不怎麼樣時，就會迅速走人，懶得和他周旋。

無論是男性還是女性，都可以透過觀察他們喜歡穿什麼類型的鞋子，來判斷他們的性格。

47 以節約原則為主的人注重實際

在日常生活中，人們在選購衣服的時候，都會考慮到方方面面，如衣著款式、年齡、經濟條件、用途，等等。所以，透過觀察人們在選擇衣服時所遵循的原則，也可以判斷出他們的性格。

1、以節約原則為主

這樣的人，在購買衣物時，不管是不是特別喜歡，還是不算很喜歡，都會首先從價格上考慮。如果覺得價格合適，會繼續全力以赴地討價還價，寸步不讓。

他們很珍惜錢，即使花一塊錢也要計算它的價值。所以，想從他們身上借錢，是不太可能的事。他們會用金錢衡量很多東西，處處考慮金錢利益的得失，當你有困難時，他們很少伸出援手，所以顯得很沒有人情味。

2、以樹立形象為主

這樣的人，在選擇衣服時不以自己的好惡來決定，而是考慮能否給他人留下一個美好的印象。因此，他們是很注重自己的形象的，並且對自己要求很高。他們在乎自己的一舉一動，而且努力實現完美，以求在公眾心中樹立起良好的形象，這也是他們相當重視權勢和聲望所致。

3、以唯美原則為主

他們在購買衣物時，主要追求好看，其他的如價格、質地和面料都是次要的。因此，他們愛打扮，並對一切美的事物都有十分靈敏的感受，以視覺美為最高的目標。不過這樣的人，喜歡吹噓，不注重實際，所付出的努力往往歸於曇花一現，沒有持久的恆心和毅力，因此他們有所成就的機會很渺茫。

4、以講究原則為主

這樣的人，在購買衣物的時候，過度講究衣物的面料、做工和美感。他們非常清楚自己的價值，懂得為自己爭取適合自己的東西。他們的享受也是建立在辛勤付出的基礎之上的，所以多能實現自己的目標和理想。並且，他們有求知的熱情和自己的人生目標，會為了自己的目標而堅持不懈地努力。

5、以實用原則為主

這樣的人，穿衣僅僅是為了保暖或者遮羞，款式與時尚都是次要或無關緊要的。所以，他們對注重實際，性情忠厚，以中老年居多。他們的消費欲望很低，所以能省下很多的錢，屬於持家類型。他們也很善良，會悲天憫人，且樂善好施。

6、以思想愉悅為主

他們不喜歡時尚和流行的東西，對商店櫥窗中的展示往往不屑一顧。他們不在乎物質上的享受，對旁人的評頭論足當成耳旁風。這樣的人，只重視精神上的富足，他們看到一件物品，覺得心裡很開心，精神很愉悅，不在乎價格、潮流、質地等，都會拿下。所以，這樣的人，活得很隨性，能夠為自己的內心而活，外在的都是浮雲。

人們對一件衣服的滿意程度如何，其實都是由他們真實的性格勾勒出來的。透過觀察人們在選購衣服時遵循的原則，可以判斷出他們的性格。

讀心，停、看、聽：

讀懂人心

關鍵的63種方法

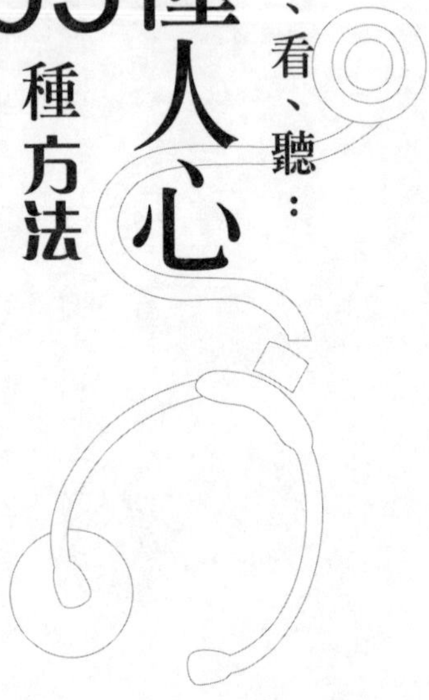

Chapter 4

淡妝濃抹皆有玄機

48

髮型變化大的人有大幅改變生活的想法

髮型在個人形象中佔據很重要的位置，一般來說，每個人都會有自己比較固定的、適合自己的一款髮型，平時只是做局部的改變，一般很少有極大的變化，突然改變髮型是需要勇氣的，心理方面的因素影響很大。改變髮型通常是一種尋求自我改變的方式，人身上沒有什麼比頭髮的造型和顏色更容易改變的了，人們常常透過髮型的改變來展示情感和態度。

突然將長髮剪成短髮的人通常有大幅改變自己的心情、想法與生活方式等等的意味，原因可能有很多種，但總是想要開始一段新的生活，可能因為不滿足與自己當前的狀態，或者想從不快的情緒中從走出來，積極向前進。

在一些特殊的時間，比如新年或新學期開始等特別的情況下，改變髮型除了可修飾儀容以外，同時也有振奮心情的意味。例如很多人在失戀之後，為了更快地從失戀的陰影中走出來，把長髮變成短髮或者做其他一些明顯的改變，總是，是想要擺脫過去的不快，以全新的面貌開始新的生活。

當然，也有的人無法決定一種滿意的髮型，總是對自己的形象不滿，因而經常改變髮型。也有很多人是因為心裡感到不踏實、悶悶不樂，或是非常焦躁。還是有一種人並非想要改變，而是喜歡不斷嘗試、不斷改變，希望別人對他說「啊，你又換髮型了」或是「這次的髮型真好看」，希望能常常引起別人的注意。這類人通常樂觀積極，而且樂於做出改變。

有人說，總是不停換髮型的人對自己沒有自信，因為找不到自己滿意的髮型。其實，時常更換髮型恰恰是自信的表現，這樣的人敢於冒險嘗試不同的髮型，相信自己換成其他的髮型也會很好看，而且，即使新髮型沒有得到朋友的好評，也不會太難過，這樣的人通常比較想得開，不會斤斤計較鑽牛角尖。

反過來，許多年都保持同一款髮型的人，尤其是女性朋友，如果不是因為工作的原因，那麼確實有一些與眾不同之處。這樣的人通常非常謹慎，一旦找到了合適自己的髮型就不會輕易做改變，即使想要改變也總是擔心不好看而一拖再拖，於是就一直保持著同樣的髮型下去。

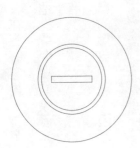

49 喜歡神祕憂鬱香水的女人追求完美的愛情

對於現代的女性來說，一瓶自己鍾愛的香水是必不可少的。香水讓女人在舉手投足中注入恆久的芳醇，讓她們更有「女人味」。因此，不同的人有不同的味道，透過觀察她們選擇什麼樣的香水，也可以判斷出她們的性格。

1、喜歡神祕憂鬱的香水

選擇充滿了神祕憂鬱氣質香水的女人，往往熱愛心中幻想的愛情，追求完美的感情生活。不同的戀愛有不同的回憶，所以香水也不只是香水，它還包含著愛情。喜歡神祕憂鬱的香水，能夠讓女人們聯想到完美的愛情，她們也追求這樣的愛情。她們也希望能從對方的舉動、表情中，猜測出對方的微妙變化，同時她們也能知對方之所想，具備知覺愛人的能力，屬於神祕高深的那種人。

如果她們不喜歡神祕，只是喜歡憂鬱氣味的香水，那她們是喜歡獨立的感覺。她們所選擇的香水從內到外都散發著淡淡的憂鬱味道，猶如空谷幽蘭般寂寞飄香，這種人不在乎是否有人為她的美麗而喝彩。雖然有時感覺孤獨，卻又不能忍受被世俗所侵染。

而有的女人只喜歡神祕的香水，或者充滿變幻莫測的香水。選擇這種風格的香水的人永遠喜歡新奇的東西，這種人受不了一成不變，也不能忍受平庸。她們迷戀著奔放的角色轉換。在自我放逐的意識天地裡，這種人擁有絕對的主宰能力。

2、喜歡浪漫情懷的香水

浪漫情懷的香水讓人充滿了浪漫氣質。這種人喜歡追求熱情、浪漫的情感生活，是典型的浪漫女人情懷，具有無比的魅力。她們對所愛的人從不計較感情的付出，內心充滿對對方無私的愛。

3、喜歡甜點型香水

習慣使用這種甜點型香水的女性是個可信賴的、穩重的、忠實的和喜歡和睦的人，她們往往是那種站在成功男人身後的女人。與這種女人交往，你會心情非常愉快，並且可能不自覺地對她們產生好感。而且，這種女人在生活中富有同情心，能夠急人之所急，因而會受到他人的認可。所以，人們總會津津樂道於她的善行、爽朗的笑聲以及助人為樂的精神。

4、喜歡充滿清泉般柔媚純美香水

選擇這種香水的女人的氣質也如這香水一般，柔媚幽雅如純美的白色百合。她們的魅力將無人能敵。這樣的人，熱愛生命中一切細緻美好的事物，懂得享受美好人生。她們還能使周圍的人像依戀自然之水一樣依戀著她們，寵愛著她們。

5、喜歡古典型香水

習慣於用這種香水的女人，表明她們具有高雅氣質，相當有品味。她們在自己的生活圈中總是能夠建立正確的社交圈子。並且，她們有自己獨特的生活方式，經常接受別人的私人邀請。因此，習慣使用這種香水的女人，相對比較成熟，為人處世講究技巧，容易得到他人的認可。

6、喜歡精神型香水

習慣使用精神型香水的女性，在生活中渴求一種閒適的生活狀態。然而在閒適中，她們並非虛度光陰，而是在腦海中翻騰著一個又一個的想法或幻想。所以說，她們是有想法，卻又不經常表露出來的人。

不同的女人喜歡不同的香水，透過觀察她們喜歡的香水類型，可以判斷出她們的性格。

50 從眼鏡的樣式解讀「希望改變自己的程度」

眼鏡最初是為了矯正近視或為了保護眼睛而使用的工具，但今天它早已超出了其原本的使用概念，成了具有多種功能且很有裝飾意義的大眾用品。眼鏡除了矯正視力、過濾陽光、擋風沙等使用價值外，有的人戴眼鏡，甚至就是為了美觀或製造某種氣質。

眼鏡的框架普遍具有修飾臉型的作用，戴上眼鏡的同時也就改變了自己原來的面貌，不同的樣式對臉型的修飾作用也不一樣，從中可以大致解讀人們渴望改變自己的程度。

1、無框眼鏡

無框眼鏡對臉部形象的改變不大，因此戴無框眼鏡的人，是儘量不改變原本面貌的人，也就是說對自己有相當程度的自信，很謹慎，不太重視裝飾自己，對於虛偽和做作的人不屑一顧。

2、金屬細框眼鏡

雖然金屬框眼鏡沒辦法讓形象有很大的改變，但卻能達到「中庸」的標準。男性戴金屬框眼鏡通常會顯得更為成熟穩重，希望當別人看他們的時候，認為他們除斯文之餘，還有著學者的風範。這種人喜歡追趕潮流，給人一種很現代的感覺。

女性戴金屬框眼鏡也會顯得更加知性。有的女性，寧願冒著給人死板印象的風險也要戴著眼鏡，只因為她們覺得自己戴上眼鏡之後看上去很知性，在她們看來，知性比女人味更重要，或者說知性是另一種別具風味的女人味，至少在形象上要給人看起來具知性的樣子。

3、粗框眼鏡

而改變形象程度最高的是塑膠框眼鏡，例如衝擊力十足的黑色粗框眼鏡。

和使用其他鏡框的人比起來，戴粗框眼鏡的人有強烈的「變身」欲望，大膽而樂於改變，願意嘗試新鮮事物。

除了鏡框的樣式之外，不同形狀的鏡框也會給人不同的印象，鏡框的形狀同樣能反映出「想呈現的自己」。正圓形或方形眼鏡的很少，大多數都是在正方與正圓之間的過渡，而趨近於圓或方的程度正可以反映人的性格特點。

戴橢圓形眼鏡的人性格隨和，不喜歡走極端，喜歡溫和的風格，總是與他人步調一致，從不會反對他人以貫徹自己的主張。也有人會因為面對不同的人而改變想法，不堅持自己的意見，很優柔寡斷。不過也有可能是完全反對任何事、自我主張強烈的人，因為討厭這樣的自己，所以戴上讓人感覺柔和的眼鏡。

《哆啦A夢》中的主人公「大雄」戴的眼鏡鏡框是正圓形的。「雖然功課不拿手、因為小差錯而常常失敗，但豁達開朗、人很好」，這種鏡框的樣式對他這樣的角色非常適合。然而現實生活中很少看到會戴圓形眼鏡的人，是非常容易引起注意而且自以為是的人。因為對自身的獨特性與原創性有強烈的感覺，所以喜好或價值觀也會有所偏頗，對於任何事都有他獨到的見解，對於人或事物有嚴格評斷的傾向。

對於戴方形眼鏡的人而言，營造知性氣質是非常重要的，對於知識性的事物懷有憧憬，是一本正經的內向性格。思考模式是以符合正統為基準，對事物看法傾向於「非黑即白」的二分法，容易被人形容成「一本正經」、「說一不二」。

不同的喜好反應出不同的心理狀態，對眼鏡的偏好，也是人們性格特徵的外在表現。

51

全身珠光寶氣，是沒有自信的表現

佩戴首飾不僅是修飾外貌的方法，也帶著很強的自我表現的意味。仔細觀察就會發現，性格安靜、內向的人和活潑外向的人選擇的首飾類型會有明顯的差別，因為他們想在人前呈現出的是完全不同的兩種氣質。

1、全身珠光寶氣的人缺乏自信

有的人喜歡佩戴閃耀光芒且引人注目的首飾，或比一般更大的首飾，任何人看了都會覺得似乎非常貴重。這類人通常自認為富有，並且樂於向別人誇耀自己是屬於上流社會的人。這種人多是好強爭勝、力圖向上的女性。追求金錢和權勢，瞧不起貧窮、看起來弱勢以及很普通的一般人。十分重視經濟方面的因素，會因為經濟狀況的改變而憂心忡忡，金錢可以使她們心緒安寧、帶來安全感和滿足感。其實，全身珠光寶氣的人，恰好是缺乏自信的人，需要借助華麗的首飾來增強自信，隱藏自己虛弱、膽怯的一面。

而那些完全不戴首飾的人，或是飾品非常簡單樸實的人，通常對自己的想法與生活方式都非常堅定，不需要依賴首飾之類的飾品，呈現出來的也是原本的自我。雖然外表看起來有點保守拘謹，但他們不單單只是成熟穩重而已，內心也是非常堅強的。

2、從首飾的偏好看性格

不同造型、質地的首飾帶給人不同的感受，也是人們表現自我的途徑，從一個人對首飾的偏好可以看出一個人的性格。

喜歡戴手鐲的人，多數是精力充沛、很有朝氣和活力的。他們多是比較聰明和有智慧的，並且有某一方面的特長。他們是有追求、有理想的一群人，在絕大多數時候知道自己想要什麼，並且會主動追求自己想要的東西，即使在感到迷茫時也不會輕言放棄，而是在行動過程中進行探索。

淡妝濃抹皆有玄機

講究衣著，重視整體搭配的人，常常會戴一枚小小的胸針。這樣的人是相當重視自己在他人心中的形象的。他們在為人處世方面處處小心謹慎，不會貿然地做出某種決定。他們有一定的疑心，不會輕易地相信某一個人，即使是對非常要好的朋友，也是有一定保留的。他們希望自己能夠引起別人的注意，但又總是習慣於用謙虛的態度來掩飾這種心理。

喜歡佩戴體積大、墜多、燦爛醒目的珠寶的人，多是愛表現自己，愛出風頭的人。無論他們走到哪裡，總會成為眾人的焦點。他們比較熱情，並且這種情緒還會傳染給其他人。他們比較積極和樂觀，愛幻想。

喜歡佩戴體積小、不太起眼的珠寶首飾，多為謙虛而又穩重的人。他們的內心多十分平靜，在任何事情面前都能保持順其自然的心態。他們一般不太希望引起他人的注意，隨便自然一些反倒更好。

所選擇的裝飾品具有很濃厚的民族風格的人，一般來說個性是相當鮮明的，總是有自己獨特的思維和見解。

3、首飾暗示你希望別人注意的部位

首飾和服裝都是身體語言的道具，但與服裝不同的是，首飾是可有可無的裝飾品。沒有首飾並不要緊，如果添加首飾配件的話，則是希望增添魅力的表現。首飾具有吸引視線的作用，人們會將視線自然而然地落在對方佩戴有首飾的部位。佩戴首飾飾品的部位，通常是自己最喜歡的部位或是最珍惜的部位，不然就是最希望對方能看見的地方。

如果胸前佩戴著項鍊墜子，下意識的想法就是希望男人將目光放在自己胸前，如果想讓人家注意耳朵就戴耳環，想讓人家注意手部就戴上戒指。除非是比較親密的關係，否則男性不可能直接盯著女性的身體看，但如果注視著飾物，就不會顯得那麼不自然。在這一類女性面前的男性，最好能稱讚首飾，女性會因為對方注意到這些細節而感到高興，兩人的關係一定也會拉近許多。

52

愛化濃妝的女人喜歡成為注目的焦點

化妝是一種提升自信的方式，人們通常會著重修飾自己不滿意的部位，以此提升整體效果，例如眼睛較小的人會運用眼線筆和睫毛膏來修飾眼睛，讓自己的眼睛顯得更大更有神，眼神也會充滿自信。

然而，如果對臉上某一處特別精心修飾，化上醒目的妝，而其他地方基本不做修飾，例如特意凸顯眼部，畫上很重的眼線和眼影，戴上長長的假睫毛，或者特意突顯嘴部，整張臉上以嘴部的顏色最顯眼，化淡妝，卻化上顏色鮮豔的口紅。

喜歡化濃妝的人表現欲望非常強烈。經常化妝的人通常都很在意別人對自己的看法，總是希望把自己最好的一面呈現給他人，儘量隱藏自己的缺點，提升自己的外在形象，在人前總是保持精緻的妝容，因此就不能接受素面朝天的出門了。她們不辭辛苦地將各種化學藥劑噴灑在自己的臉上，為的是用一種極端的方式吸引他人的目光，而異性的欣賞往往使她們心甜如蜜。

前衛和開放是她們的思想特徵，她們對一些大膽和偏激的行為保持讚賞的態度。她們真誠、熱忱，一些惡意的指責並不會給她們造成多大的傷害，她們對他人依然會很尊重。

化妝感不平衡的人，一方面是對自己臉上某個部位缺乏自信，一方面是不會考慮整體的平衡感，而只把注意力放在自己關注的哪一個點上。與其說是為了給人留下更好的形象而化妝，還不如說是為了自己的需求而化妝。不僅是化妝，這樣的人在生活和工作中也顯得固執己見，聽不進別人的意見，因而常常鑽牛角尖。

其他的化妝方式背後，也有一定的心理原因：

淡妝濃抹皆有玄機

1、輕描淡寫

有的人喜歡淡妝，這樣的人大多沒有太強的表現欲望，希望最好誰也別發現她們。她們只要求能過得去，簡單地塗抹一下，使自己不至於太難看就行。她們大都屬於聰明和智慧的類型，不會將時間和精力耗費在梳粧檯前。往往有著自己的理想，而且敢打敢拼，所以大多能獲得成功。

2、素面朝天

唐代詩人李白詩雲：「清水出芙蓉，天然去雕飾。」出自大自然之手的美往往會給人一種耳目一新的感覺。

無論是工作還是社交娛樂都很少化妝的女性，一般來說對自己的容貌有相當的自信，或者不十分在意別人的看法。如果是後者，則屬於性格很內向的人，人際交往的圈子很小。當然，也有可能是因為她在其他方面的特質足以彌補外貌的不足，性格隨和而朋友眾多，大家都喜歡和她在一起，而化不化妝已經不重要了，這樣的人更願意相信，別人喜歡她是因為她這個人本身有吸引力，而不是因為臉蛋漂亮，進而和那些花枝招展但缺乏內涵的女性區別開來。

3、從小就開始化妝

有的人從小就開始化妝。這樣的人會將自小養成的那套化妝理論和方法延續到成年，甚至中年和老年。其實這是一種懷舊心理在作祟，美好的過去讓她們回味無窮，忘記現實中的煩惱和不如意，但她們依然保持頭腦清醒，不會沉迷其中而忘記現實。她們講究實際，會極力把握住現在的所有。她們熱情善良，善解人意，擁有很多可以推心置腹的朋友。

4、把大量時間都用在化妝上

有的人會把自己絕大部分時間都花費在化妝上，這樣的人為了完成自己的目標不惜花費巨大代價，任何事情都追求盡善盡美，屬於典型的完美主義者。她們傾盡所有也要使自己的容貌達到自己滿意程度，最主要的是她們對自己的才智和財力都有十足的把握，而唯一放心不下的是自己的外貌，為了成為一塊無瑕美玉，只好不停地審視自己，用化妝來掩飾不足。

5、主次分明

有的人在化妝的時候則特別著意某一處。這樣的人通常對自己有相當清楚的認識，對自己的優點和缺點知道得一清二楚，善於揚長避短。

她們對自己充滿了信心，堅信付出就會有回報，所以會腳踏實地地為自己的目標而奮鬥。她們講究實際，注重現實，不會沉湎於虛無縹緲的幻想之中。她們遇事鎮靜沉著，對事情的判斷堅決果斷，但不能縱觀全域的弱點往往使她們收穫甚微。

6、喜歡怪妝

還有的人喜歡化怪妝。眼皮周圍或黑或藍；嘴唇也是有時黑有時紅，有時大嘴巴，有時小嘴巴；臉如猴屁股一樣紅。喜歡化如此怪妝的人把這種妝當成宣洩感情的一種方式。她們通常具有強烈的反抗心理，主要是自小受到家庭的溺愛，總是要求說一不二，但現實生活每每與她們的願望相悖，所以用一些非常規的思想和行為與社會分庭抗爭，但往往是失敗多於成功。

7、注重眼部修飾

在女性化妝的過程中，眼睛一向是不可忽視的部位。如果女性非常注意眼部的修飾，則說明她們性情浪漫，因為眼睛是五官中最容易顯露自己情感的。所以，她們對感情非常投入，有時甚至不顧一切，即使對方不能接受自己也會表明心跡。她們自我意識很強，在感情中也容易一個人幻想，並情緒波動劇烈。

8、重唇部的修飾

如果女性重視唇部的保護，並喜歡使用口紅等化妝品，則是想突顯自己的性感。因為加強嘴唇的形狀，將讓人感到充滿魅力。

在潛意識裡，她們具有魅惑男性的意味，所以在戀愛中，她們一般是較為積極的一方，擅長發揮女性柔媚的特質，懂得掌控異性的策略。不過，她們對喜歡和不喜歡的人態度非常鮮明，對前者會運用一切方法吸引過來，對後者則不屑一顧。

9、注重肌膚的基礎護理

能做到每日進行徹底地基礎護理，擁有水嫩肌膚的女性，一般給人年輕和純淨的感覺。就像她們會仔細護理肌膚一樣，對待愛情具有很強的正義感，一旦付出就一心一意，並厭惡所謂的花花公子。不過，這類女性專一並具有強烈的獨佔欲，有時會對男友身邊的年輕同性產生極強的妒忌心和厭惡感，給男友造成強烈的束縛感。

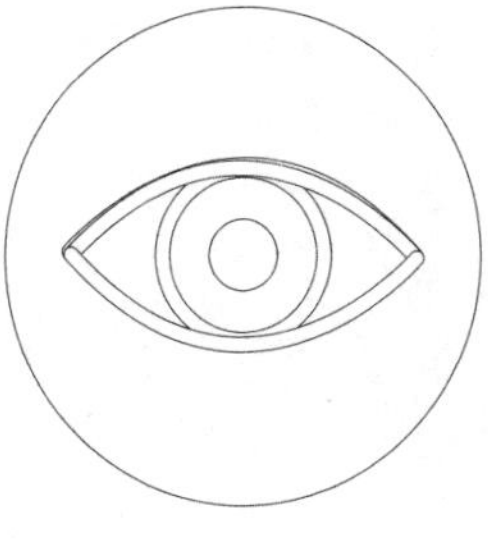

53

從唇彩的顏色看女性的性格和職業

「女人心，海底針。」這句話蘊涵的意思非常簡單，即女人的心理是很難猜測的。但是，近來心理學家透過「投射」方式發現，很多女性總會無意識地將自己的心理特徵「投射」在自己的日常生活用品，尤其是一些化妝品上。

就拿唇彩來說，現在全世界幾乎有一半的女性每天都會用唇彩。對那些習慣於每天用唇彩的女性來說，如果那一天忽然不讓她們用唇彩，她們就會感到如同沒穿好衣服一樣彆扭。

唇彩作為女性增添自己魅力的手段之一，其顏色種類可謂是五花八門，既有紅色、粉色、橙色，還有珍珠色、褐色、紫色等。透過觀察一個女性對唇彩顏色的喜好，往往就能知曉她的性格特徵和職業。

1、紅色唇彩

紅色會使女性的嘴唇顯得更為突出。所以，如果一個女性喜歡紅色的唇彩，則說明其性格外向、活潑好動、樂觀、崇尚自由、具有獨立的個性。她的社交能力非常的強，對人真誠有禮，喜歡與人分享美好的事物，因而其人際關係處理得非常好，朋友很多。通常情況下，塗有這種唇彩的女性往往是從事銷售、公關，或是美容、美髮等行業。

2、粉色唇彩

粉紅是一種代表純情和女性本色美的顏色。所以，很多女孩子和男孩第一次約會時最喜歡使用此種顏色的唇彩。通常情況下，如果一個女性喜歡使用此種顏色的唇彩，則說明其性格較為溫柔、和善、思想較為單純、富有同情心和愛心。但是她的心理承受能力較弱，在挫折和失敗面前常常會表現出很委屈、很受傷的樣子。

她很信任愛情，對戀愛抱有很大的期待。雖然她平時表現得溫柔賢淑，但一旦知道冒險的樂趣，很可能會發生大膽的變化。在與人交往時，她可能顯得有點矜持，但其內心卻是火熱的。一旦你成為了她的朋友，往往會得到她無微不至的關懷。一般來說，塗著這種顏色唇彩的女性往往從事教師、醫生等行業。

3、橙色唇彩

橙色往往能給人親切、溫柔、溫馨的感覺。所以，喜歡這種顏色唇彩的女性，其性格較為穩重、和藹，具有較強的自我控制能力和判斷力，無論是對人還是對事，都有自己的觀點和看法，從不會人云亦云。她的口才較好，但不會強詞奪理，喜歡以理服人，同時，她還具有較強的幽默感。

在愛情方面，她往往願意為對方付出自己的一切，是典型的賢妻良母型女性，她堅信「愛情的眼裡容不得半粒沙子」。一旦戀人背叛了自己，她極有可能會報復對方。不過，她對朋友是非常坦蕩和大度的，如果朋友不小心傷害了她，她往往會一笑而過。所以，她的人緣很是不錯。

通常情況下，塗著這種顏色唇彩的女性往往從事各種商業活動，如店鋪的老闆，或是大公司的高級職員。

4、珍珠色唇彩

珍珠色是一種代表純潔、高潔的顏色。喜歡珍珠色唇彩的女性，其性格文靜、莊重，聰穎謹慎，心思細膩且喜歡追求完美。她具有較強的個性，自我主張非常明確，從不掩飾自己的追求和欲望，喜歡自由地享受生活。一旦她確定了自己的追求目標，她就會全力以赴，從不會在乎別人的眼光。

在愛情方面，不喜歡受到對方的約束，要求對方尊重自己的個人空間。在與人交往時，她也不喜歡別人干預自己的事情，同時她也不會干預對方的事。通常情況下，塗著這種顏色唇彩的女性往往是一些自由職業者。

5、紫色唇彩

紫色是一種代表高貴和典雅的顏色。喜歡紫色唇彩的女性，其性格較為外向，具有較強的表現欲望和優越感，雖然喜歡在別人面前展示自己的魅力，但從不虛偽。有些時候，她很愛幻想，喜歡追求不平凡的生活方式。

在與人交往時，她往往會給人，尤其是給男性，一種高高在上、難以接近，不易被誘惑的感覺，但她恰恰具有讓男性癡迷的不可思議的魅力和個性。通常情況下，塗著這種顏色唇彩的女性往往從事音樂、藝術等行業。

可見，一個女人對唇彩的喜好，往往可以透露出她的性格特徵和職業特點。

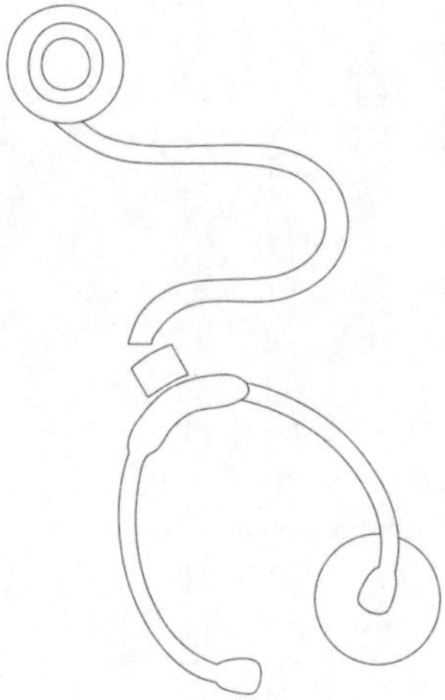

54 從髮絲中讀懂對方的心理

從髮絲中也能讀懂對方的心思嗎？有些人一聽可能會驚訝的不敢相信，然而事實就是如此，下面就讓我們先從男人的毛髮分析起吧。頭髮和鬍鬚連在了一起，且又濃又粗，這樣的男性，給人的第一感覺往往是剽悍、強壯。一般來講，這些認識都是不錯的。但是，在有些場合，他們還顯得比較魯莽，性格豪放不羈，有俠義心腸，喜歡多管閒事好打不平，多不拘於小節。

頭髮稀疏，粗硬而捲曲，這樣的人，多思維比較敏捷，而且善於思考，並有很好的口才，能夠很容易地說服別人。他們的性格彈性比較大，可以說得上是能屈能伸，適應性很好。他們善於把立場的堅定性和策略的靈活性完美地結合起來。

頭髮濃密柔軟，自然下垂，這一類型的人，大多性格比較內向，話語不多，善於思考。從某種程度上說，他們的生存能力比較強，許多環境都能適應自如，這一類型人所從事的事業多是和藝術方面有關的。

頭髮自然向內捲曲，如燙過一樣，這樣的人性格大多不穩定，而且脾氣大多比較暴躁，而且疑心比較重，總是患得患失的，在猶豫和矛盾中掙扎，除此之外，嫉妒心還很重。

髮根捲曲，髮梢平直，這樣的人大多喜歡比較自由地行動，厭惡被人約束和限制，不會輕易地向他人妥協。

讓自然來決定自己的髮型，並且長時間地保持，這樣的人多總是怨天尤人，但卻從來不從自己身上尋找原因，更不會付諸行動去尋求改變。一般來說，我們很難弄懂他們的真實想法，因為在很多時候他們都會向別人妥協。

頭髮長長的，直直的，看起來顯得非常飄逸和流暢，這種人的性格大多界於傳統與現代之間，他們既含蘊世故，又大膽前衛，只是要視情況而定。他們大多非常自信，而且渴望成功，會為自己的理想不懈奮鬥。

頭髮很短，這樣看起來很簡潔，而且也極為方便，這樣的人，大多有勃勃的野心，他們的生活總是被各種各樣的事情佔據著。他們在內心很想把這些事情做好，但實際上卻往往什麼也做不好。他們責任感不強，在面臨困難的時候容易退縮。

熱衷於波浪形燙髮的人，說明他們對流行是比較敏感的，他們大多很在乎自己外在的形象，並且知道怎樣才能使自己的外在形象達到最佳的效果。他們積極主導自己的生活，能夠應對各種變化。

喜歡蓬鬆及前端梳得很高的髮型，這樣的人比較保守，而且還有點固執或者也可以說是執著。一旦他們遇到自己喜歡的東西或是認準了某一件事物，在絕大多數的情況下，不會輕易地改變自己的想法及觀念。

故意把髮型弄得很怪，這樣的人表現欲望很強烈，他們希望自己能夠吸引更多的目光，他們經常不考慮他人的心情和感受，有什麼話就說什麼話。他們對任何一件事情都有自己獨特的見解和認識，並且會始終堅持著自己的立場。他們絕對是那種敢於拍案而起的人。

喜歡剪平頭的人，大多男子漢的味道更濃一些，他們討厭娘娘腔的人，而對很有個性的人十分有好感。從表面上看，這樣的人從來都不會給你留下溫柔的印象，但實際上他們也有自己溫柔的一面，而且他們比較細心。思想從一定程度上來說還是相對比較保守和傳統的，也很在乎自己在他人面前的表現。

喜歡剃光頭的人，多是努力在營造一種能夠讓人產生誤解的想法。這樣的人非常希望給人留下一種神祕感，讓人猜不透他們心裡在想些什麼。

男士不管是留長髮、剃光頭，或是其他各種各樣比較特別的髮型，其都有一個普遍的共同點，那就是標新立異，想別出心裁地突出自己，增加自身的魅力。

與男士相比，女士的髮型若要研究分析起來，則要複雜得多。若留著飄逸的披肩髮，則說她比較清純、浪漫；若留的是齊眉的短髮，則顯得天真活潑，無憂無慮；燙成滿頭卷髮，代表這個人較有青春的活力，充滿野性。

把頭髮梳得很短，並讓它保持順其自然的狀態，說明這個人比較安分守己，甚至是封閉保守的；如果他把頭髮梳理得很整齊，但並不追求某種流行的款式，則表明這可能是比較含蓄，但自主意識較強的一個人；在自己的髮型上投入很多的精力，力爭達到完美的程度，說明這是一個自尊心比較強，追求完美，愛挑剔的人。

頭髮像鋼絲，又粗又硬，而且還很濃密，這樣的人疑心較重，不會輕而易舉地相信別人。他最相信的就是自己，所以凡事都要親力親為，才覺得放心。他們做事很有些魄力，而且組織能力也比較強，具有一定的領導才能。這一類型的人，理性的成分要大大地多於感性，所以涉及感情方面的問題時，往往顯得外行。

頭髮很粗，但色澤淡，而且質地堅硬，很稀疏，這一類型的人自我意識極強，剛愎自用，很難聽取別人的意見和建議。他們不甘心被人領導，渴望能夠駕馭別人。多比較自私，缺乏容人的度量，但這一類型的人一般來說，頭腦還算比較聰明，可是他們的目光又比較短淺和狹窄，所以大多不會有很大的成就。

頭髮柔軟，而稀疏，這一類型的人，自我表現欲望一般來說比較強，他們喜歡出風頭，更愛與人爭辯，以吸引他人的目光，獲得他人的關注。在他們的性格中，自負的成分占了很多，自以為是，很少把他人放在眼裡，儘管自己比他人做得更糟糕。做事的時候，多缺少必要的思考，所以常會做出錯誤的判斷，而且還容易疏忽和健忘。

頭髮濃密粗硬，但自然下垂，這種人從外形上來看，多半身體比較胖，而且也顯得比較慵懶，不喜歡活動，但他們心思縝密，往往能察覺到一般人發現不了的細節。感情比較豐富，易動情，對情感不專一。

總之，透過一個人的髮型、髮質，我們往往可以讀懂他的內心。

55 喜歡用長髮蓋住耳朵的人，有孤獨的傾向

髮型是一個人表現自己最直接的形式，俗話說「一髮二妝三服裝」，同樣一個人，可能因為變換了不同的髮型而給人以完全不同的感覺，尤其對於女性來說，可以從對不同髮型的偏好瞭解一個人的性格特徵。通常，女人的青春和性感都和頭髮的長短有聯繫，而要不要留長髮的決定，就意味著不同的含義了。

一般而言，長髮的女人偏愛回憶，習慣於靜態思維，行為被動，容易放棄自我，做事仔細，性別意識較強；短髮者追尋新鮮感，注意力分散，情緒更易改變，處世主動，我行我素，較為粗獷，性別意識淡化。

長髮者較依賴別人，留戀過去；短髮者相對較獨立，面向未來。長髮的女性通常看起來溫柔、端莊，態度謹慎，但令人意外的是她的內心堅強，對自身

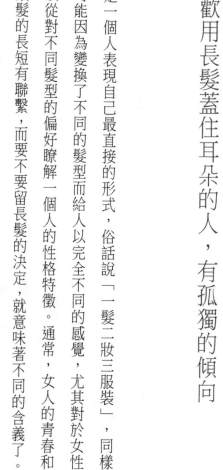

與周圍的人際關係能冷靜判斷，很懂得自我約束。

喜歡用長髮蓋住耳朵的人，有喜歡孤獨的傾向。長髮可以遮住臉的一部分，而且可以蓋住接受外界資訊的入口——耳朵，彷彿不願意聽見別人說話，只想躲在自己的世界裡不受外界干擾。比起跟人交際來往，她們更喜歡自己獨處。

一頭烏黑秀麗的長髮是青春活力的表現，很多女性在進入中年之後就會逐漸把頭髮剪短，而有的女性卻始終留著長及腰部的長髮，她們通常很在意別人的眼光，內心拒絕自己變老，不願接受自己的年紀，因此一直保留少女般的長髮。

喜愛留短髮的女性通常對自己的容貌比較有自信，因為長髮具有修飾臉型的作用，而短髮會讓整個臉孔顯現在別人眼前，短髮的人通常也比較很開朗活潑、個性直爽，很少有多愁善感的時候。

具體來說，一頭精心修剪的時髦短髮通常代表與眾不同的個性和經濟上的寬裕。短髮常常比長髮更難打理，需要更多的時間和金錢來保持完美的效果。因此，留著一頭時髦短髮的女性是非常注重外表的人，而且想要表現自己與眾不同的一面。

留著普通短髮的女性則通常具有務實的個性。她們不想花太多時間來打理頭髮，不想把早上寶貴的時間浪費在梳妝打扮上，比起外表的修飾，她們更看重能力的培養。當然，在對留短髮的女性進行判斷時，要排除對方正在接受手術或在復原中的情況。

一個人心情愉快時總是很樂意打理自己，如果一個平日裡衣冠整潔的朋友突然頭髮散亂、很不清爽，一定是發生了什麼事情，這時你就應該多關心一下他了。

56 戴大戒指的女人不會拒絕與你交流

喜歡在某根手指上戴兩個戒指的人，往往具有保守與進步的思想態度，很多時候他也想去追逐潮流，但又很難擺脫心底的猶豫，因而其內心常常處於一種進退兩難的矛盾狀態之中。尤其是那些喜歡在小指上戴兩個戒指的女性，常有著非常強烈的好奇心。很多時候，她們內心雖然非常渴望受到男性的邀約，而一旦受到男性的邀請時，卻又沒有了赴約的勇氣。此外，這類女性對金錢也有著非常強烈的渴望，不喜歡平淡無味的生活。

喜歡同時戴好幾個戒指的人，表明他此時正身陷物質、精神等困惑之中。很多時候，此種類型人的價值觀會迷失在滾滾紅塵之中，因而到最後，他不過是庸俗、平淡、繁瑣的代表。另外，此種人表面看來是在物質、精神等困惑中左右掙扎，實則是在尋求一種最佳的自我保護方式，所以他是相當會保護自己的。

喜歡戴小戒指的人，個性較為積極，有比較豐富的想像力和創造力，但是他（她）的這些想像和創造力多不適應生活，儘管他（她）們常懷著非常迫切的心情想向他人說明自己的想法。他們也非常清楚如何出風頭，也從不擔心自己的外在表現是否太過刺眼或是強烈，因為他們奉行「我快樂，我表現」的簡單原則。

喜歡戴大戒指的人，尤其是喜歡將其戴在中指上的女性，也有著較為強烈的表現欲望，她們生性較為活潑，作風大膽，喜歡與人交流。與此同時，此類女性也非常敏感，一旦遇到某些刺激，哪怕是非常小的刺激，很容易陷入歇斯底里的狀態之中。由於她們具有較強的自尊心，所以，一般不會輕易接受異性的邀請。

一個人戴的結婚戒指越大、越華麗，則表明此人越想向別人宣佈他（她）

的婚姻狀況，同時也表明此種人的表現欲望越強烈。同樣的，一個人手上的結婚戒指戴得越緊，則表明他（她）對自己婚姻的忠誠度越高。反之，如果一個人經常將自己的結婚戒指從自己的指頭上取下來玩耍，或是拿在手裡呆呆地看著，這就表明此人對自己的婚姻狀況有所質疑。

如果一個人喜歡戴紅寶石或紅碧璽顏色的戒指，則說明其性格外向，熱情似火；如果一個人喜歡戴粉紅鑽或粉紅色珊瑚顏色的戒指，則說明此人的感情較為細膩，且頗具浪漫情懷；如果一個人喜歡戴祖母綠或土耳其石顏色的戒指，則說明其比較敏感，感情也較為纖弱；如果一個人喜歡戴藍寶石或海水藍顏色的戒指，則說明其性格較為內向，情感表現較為冷淡。

一般來說，那些喜歡戴紀念戒指的人，往往缺乏歸屬感，所以他們企圖透過以戴紀念戒指的方式，使自己的心靈與紀念對象保持一種聯繫，以此獲得心靈的慰藉。

57 不同的首飾，不同的內心

在日常生活中，每個人都有自己喜歡的飾品，尤其是女性，如果身上沒有幾件飾品，簡直是不可能的。如果在生活中你是一個有心人，便會發現你周圍大多數的人會因為自己臉型、身材、性格、氣質的不同而佩戴具有不同風格傾向的飾品，正是因為如此，才使得飾品也變得性格化了。因此，一個人喜歡佩帶怎樣的飾品，可以看出這個人具有怎樣的性格。

比如，有很多喜歡戴金首飾。他們很喜歡這些金光閃閃的金首飾，會在身上戴滿了金戒指、金耳環、金手鐲、金項鍊等，這樣的人，往往是很有自信心的。他們認為自己佩戴金飾品很漂亮，也只有金首飾才能配得上自己，所以很有自信而且，他們的性格很外向，為人開朗、率真並對人友善。因此，他們有很好的人緣，大家也喜歡和他們交往。

值得注意的是，如果是只戴少許金首飾的人，比如只有一對耳環、一條項鍊，或只是一只金錶，說明他們有很高的品味，而且性格不是太外向，是注意約束自己，而不是態度隨便的人。

有的人喜歡佩戴銀首飾。喜歡戴銀首飾的是注重秩序的，他們做事喜歡先制訂計畫，然後按照事先制訂好的規則來進行。尤其是每天的例行工作，都要按照固有的順序進行，而不喜歡發生突然的情況。如果突然發生什麼計畫外的情況，會使他們的情緒受到干擾。

有人會佩戴假首飾。也許他們沒有很多錢買真品，但是他們會在身上戴成串的紅寶石、綠翡翠等贗品。這種人把自己的外貌放在非常重要的地位，也可能在生活上要求甚高。

雖然沒有錢買真正的首飾，但他們能夠用贗品來打扮自己。而且，喜愛精品，不管材質如何，只要是精美的東西就喜歡。他們比較容易滿足，所以會過得比較快樂。

有人喜歡藝術品首飾。喜歡買手工做的首飾，或是自製的飾物，這樣每件都是與眾不同的。這類人是有創造性的人，而且很有個性，不喜歡和別人雷同。如果他們向文藝或戲劇方面發展或做建築工作，容易取得成就。

有人喜歡佩戴家傳首飾。這些人很喜歡戴家傳首飾，如舊的手鐲、舊式耳環和戒指，或一對古老的袖口飾物或胸飾，而不去買現代的首飾，身上絕無新潮的飾物。這類人是熱衷家庭、忠於家人的，對朋友也非常忠誠。

有人喜歡佩戴宗教飾物，比如戴一個小十字架或其他有宗教意味的小飾物。他們這樣做有深切的內在力量，對自己的素質引以為榮。這樣的人是實際的，絕無花架子，不希望有炫耀成分的飾物在身上，更不戴假首飾。

有人喜歡佩戴顯眼的首飾，比如大耳環、大塊的胸飾、大顆的彩色寶石等，大多是無憂無慮的人，很有幽默感。他們喜歡在眾人當中突出自己，受人歡迎，也樂於助人。而有人剛好相反，任何首飾也不戴。他們並不在乎別人滿身珠寶，也不羡慕那些人。這種人很實際，並不準備在他人心目中建立自己的印象。他們也很注意自己的內在，並不留心外表，而不是無錢購買首飾。

不同的人喜歡佩戴不同的首飾，透過觀察他們喜歡什麼類型的首飾，也可以判斷出他們的性格。

58
項鍊簡單的人，感情世界豐富

頸部是表現一個人自尊心的部分，而戴在此部位的飾物就是項鍊，因此，可從項鍊得知一個人自尊心的強度。

在現實生活中，我們常常會看見一些人佩戴項鍊，在這些人中，有男性也有女性，他們戴項鍊，不僅是在說明自己的自信心程度，還是想在打扮上借助飾物來使自己看起來更有個性、更瀟脫、美麗。所以，看一個佩戴什麼樣的項鍊，也可以推斷出這個人的性格。

比如，有的人選擇佩戴簡單的項鍊。這種人的感情世界非常豐富。他們心地善良，看到需要幫助的人，總是盡力去幫助，就算是自己幫助不了，也會為這些人、事感到傷心、難過，有的時候甚至肯自我犧牲。他們的性格很溫柔，脾氣很好，很少因為什麼事而動怒。他們也喜歡浪漫，並且富有直覺性和藝術性。而且，雖有他們有很高的自尊心，卻不會將它表現於外。不過，他們的性格不穩定，意志也不堅定，常受旁人左右而不易做出正確的判斷。另外，他們也非常聰明，很有能力也很有自信，他們知道，即使自己不打扮，也是漂亮的，所以他們才喜歡戴樣式簡單、價值昂貴的項鍊。

有的人喜歡佩戴價值昂貴且式樣華麗的項鍊。這種人性情孤傲，不喜歡和外人多打交道，自強自立，追求獨立的生活，不屑於和任何人交往。他們還過分自信，認為自己是最優秀的，眼睛裡很難容下別人。他們的自尊心也過強，但很容易因為受到傷害而崩潰。對別人容易採取高壓的態度，所以即便是很喜歡他們的人，也很難和他們長久的生活。

有的人喜歡佩戴心形項鍊。這種人性格溫和，憨厚老實。他們也比較保守，並且不論在哪方面都不善於表現自己。即便是戀愛時，他們也是屬於熱情內斂型。不過，一旦和他們深入交往，就會發現他們的可愛。這樣的人，喜歡可信賴的異性。

有的人喜歡戴粗的黃金項鍊。這種人性格外向，比較開朗。他們重物質享受，對金錢或物質有著強烈的欲求，不在乎別人說自己拜金。他們的感情的起伏很激烈，一旦自尊心受到傷害，就會轉而攻擊對方。而且，不論男女，戀愛時也會提出很高的條件。

和喜歡戴粗的黃金項鍊的人相似，有的人喜歡佩戴好幾條項鍊串在一起。這種人的性格也比較外向，並且自信而樂觀。他們也是過分注重外表，追求物質生活，有強烈的金錢欲望。不過，他們還有強烈的自我顯示欲，可是多半的情形是自己的魅力不受周圍人的理解，因此，處於欲求不滿的狀態中，牢騷滿腹。

不同的人喜歡佩戴不同的項鍊，透過觀察人們佩戴的項鍊，可以發現他們各自都有怎樣的性格。

59

背淺色包的人希望自己與眾不同

提包在人們的工作、生活和學習中是非常重要的一件物品，很多時候它幾乎與人形影不離，人走到哪裡，它們也隨之被帶到哪裡。正是因為提包具有如此重要的作用，所以，它們在一定程度上可以向外界表達一定的資訊，讓外界透過提包來認識提包的主人。

提包的顏色是最明顯的特徵，目前提包的顏色以黑色、棕色居多，是大眾普遍能夠接受的顏色。不論男性還是女性，所選擇的提包顏色越接近黑色，性格上就越偏向外向開朗，樂於與人接觸，在同事和朋友圈中都會比較合群。

相反，喜歡背淺色包的人，內心非常希望自己是與眾不同的，他們給人的感覺有點冷漠、很難接近。提包的顏色越接近白色，這種冷漠的氣質就越明顯。

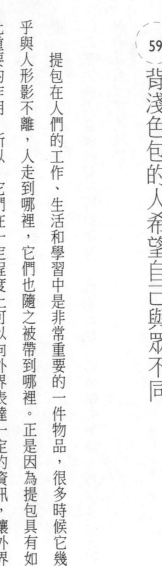

白色給人以高貴、完美無瑕之感，在一片黑色、棕色的提包中總是非常醒目，並且，白色的提包很難維持清潔，用白色提包的人看起來生活優裕、不像是為生活所累的人。他們也帶有一點完美主義的傾向，挑剔和講原則。與這樣的人相處，要記得多多誇讚他們的獨特品味。

提包的樣式也是瞭解人心的途徑之一，特別是女士提包款式眾多，對不同款式的偏好更能反映出一個人的心理特點。

1、口袋式的大包

這種提包可以容納較多的東西，雨傘、眼鏡盒、指甲刀、創可貼等等日常生活可能用到的東西都放在裡面，可見提包的主人對於可能發生的意外狀況十分謹慎，喜歡做好萬全的準備。

有時他們不僅是為自己準備這些東西，同樣考慮到同事可能發生一些小狀況，反映出他們關心他人、為人體貼熱情的一面。然而這種包因為只有一個口袋，因此包裡的東西都混在一起，沒有一點規則，要找一件東西常常需要找很久。可見喜歡這種提包的人做事多比較模糊，目的性也不是很明確，但對人通常都比較熱情和親切。

2、層次分明的小包

這種包雖然體積不算大，但是層次分明，區隔成若干個大小不同的口袋，方便分別放置不同的物品，想要什麼伸手就可以拿到。這說明提包的主人是一個很有原則性的人，他們大多具有很強的進取心，辦事認真可靠，待人也很有禮貌。

一般說來，這一類型的人有很強的自信心，組織能力突出。但缺點是他們大多比較嚴肅、呆板，會過多地拘泥於生活中的某些細節。

3、方形提包

方形提包有棱有角，因此體積通常比較小，使用起來不是很方便，裝飾價值大過使用價值。喜歡這種提包的人通常是愛冒險、愛時髦的年輕人，追求標新立異，不喜歡和大家一樣。他們對於其他物品的選擇通常也是重視美觀和獨特甚於物品本身的實用性。

還有一些人出門不喜歡背包，直接把錢包、手機等物品塞在口袋裡，因此他們身上從不會帶不相關的、用不上的東西，凡事以目標為導向，做事很有效率，對物品的選擇上注重實用性。不喜歡帶包的女性通常不願意把時間花在工作以外的事情上，她們看重結果和成就，而對生活細節不是特別重視。

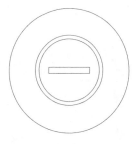

60 戴帽：欲蓋彌彰的遮掩

帽子不僅有禦寒、遮陽的功能，它還是一種戴著美觀、給人樹立某種形象的東西。世界各地都在生產各式各樣的帽子，出入任何一家娛樂場所、大型酒樓餐館，都會看到衣帽間，這說明帽子對於一個人來說，有著十分重要的用途，它可以幫人建立某種形象，使人的個性在眾人面前得以展現。

1、愛戴禮帽的人

戴禮帽的人都認為自己穩重而具有紳士風度。這種人的願望是讓人覺得他有沉穩和成熟的性格，在別人面前，經常表現得非常熱愛傳統。除帽子外，這種人所穿的皮鞋任何時候都擦得光亮，而且所穿的襪子也一定會給人以厚實的感覺，即使是炎熱的夏季，他也會拒絕穿絲襪，同時也討厭穿著涼鞋或拖鞋走路。他們看不慣很多東西，很清高，有些自命不凡，認為自己是個做大事的人，進入任何一個行業都應該是主管級的人物。

2、愛戴旅遊帽的人

旅遊帽既不能禦寒也不能抵擋太陽的照射，純粹是作為裝飾之用。這類人用旅遊帽來裝扮自己，以折射某種氣質或形象；或者用來掩飾一些自己認為不理想或者有缺陷的東西。

從這些特點看，愛戴旅遊帽的人並不是一個心地誠實的人，而是個善於投機取巧的人，因此真正瞭解他的人少之又少，而一般人所看到的只是他的外表。

3、愛戴鴨舌帽的人

一般上點年紀的人才戴鴨舌帽，鴨舌帽表現出穩重、辦事踏實的形象。如果男人戴這種帽子，那麼他會認為自己是個客觀的人，從不虛榮，面對問題時，能從大局著想，不會因為一些旁枝末節而影響大局。

有時候他自以為是個老練的人，在與別人交往時，就算對方胸無城府，他還是喜歡與別人兜圈子，直到把對方搞得暈頭轉向，也不說出自己的心思。

4、愛戴彩色帽子的人

愛戴彩色帽子的人非常清楚在不同的場合，不同顏色的服裝，應該佩戴不同色彩的帽子，說明他是個天生會搭配且衣著入時的人。

這種人喜歡色彩鮮豔的東西，對時下流行的東西非常敏銳。每當出現新鮮玩意兒，他總是最先嘗試，希望人家說他的生活過得多姿多彩，懂得享受快樂人生，並且總是能走在時代的潮流。

這種類型的人也是害怕寂寞的人，因為他精力旺盛、朝氣蓬勃，那顆不甘寂寞的心總是使他躁動不安，他會經常邀請夥伴們一起到燈紅酒綠之地盡情玩樂。但是當最後一支舞跳完後，曲終人散的那種寂寞滋味便會油然而生。

5、愛戴圓頂氈帽的人

愛戴圓頂氈帽的人對任何事情都可能產生興趣，但從不表達自己的看法，即使有看法也是附和別人的論點，好像自己沒有什麼主見似的。

但他並不是真的沒有主張，只不過是個老好人，不願隨便得罪一個人，哪怕是個最不起眼的人。

從本質上來說，這種類型的人是個腳踏實地的人，他相信只有付出才有收穫。在他平和的外表下有自己執著的觀點，他相當痛恨不勞而獲的人，相信君子愛財取之有道，對不義之財，他從來不讓它玷污自己的手指。

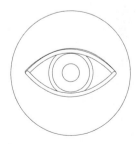

61 從手錶樣式看時間觀念

「一寸光陰一寸金，寸金難買寸光陰」這是在說時間的寶貴。時間在不知不覺中悄無聲息地流逝，不同的人對此會有不同的感受。有的人視若無睹，而有的人則表示深深的惋惜，然後，抓緊利用每一分鐘去做一些有意義的事情。

一個人對待時間的看法，很大程度上是由人的性格決定的，而時間對人具有什麼樣的影響，很多時候又能透過所戴的手錶傳達出來。這兩者之間有著非同一般的關係。

1、喜歡戴電子錶

有一種新型的電子錶，只要按一下顯示時間的鍵，就會出現紅色的數字，如果不按，則表面上一片漆黑，什麼也看不見。喜歡戴這一類型手錶的人多是有些特別之處的。他們獨立意識非常強烈，從來不希望受到他人的控制和約束，而是自由自在，無拘無束地去做自己想做並且也願意去做的事情。

2、喜歡戴鬧鐘型手錶的人

喜歡戴鬧鐘型手錶的人，大多對自己要求特別嚴格，總是把神經繃得很緊，一刻也不放鬆。這一類型的人雖算不上傳統和保守，但他們習慣於按一定的規律和規定辦事，他們在爭取成功的過程中，任何一件事都是以相當直接而又有計劃的方式完成的。他們非常有責任心，有時候會在這方面刻意地培養和鍛鍊自己。

3、喜歡戴具有幾個時區的手錶

戴具有幾個時區手錶的人多是有些不現實的。他們有一定的聰明和智慧，但一切都止於想像而已，不會努力付諸實踐。做事常三心二意，這山望著那山高。在一些責任面前，常以逃避現實的方式面對。

4、喜歡懷錶

喜歡懷錶的人，多對時間具有很好的控制能力，雖然他們每天的生活都是忙忙碌碌的，但卻並不是時間的奴隸，懂得如何在有限的時間裡讓自己放鬆並且尋找快樂。他們善於把握和控制自己，適應能力非常強，能夠很好地調整自己的心態。

他們多有比較強的懷舊心理，樂於收集一些過去的東西。言談舉止高雅，有一定的文化修養。有比較濃厚的浪漫思想，常會製造一些出人意料的驚喜。他們為人處世具有耐心，很看重人與人之間的感情。

5、不戴手錶

不戴手錶的人，大多有比較獨立自主的性格，會輕而易舉地被他人支配，而只喜歡做自己想做並且也願意去做的事情。他們的隨機應變能力比較強，能夠及時地想出應對的策略，而且非常樂於與人結識和交往。

62

從襪子的選擇推測女人的為人處世

襪子是在平常不過的日常配飾了，尤其是對於女人來說，選擇一雙適合自己的襪子會讓自己的形象瞬間提升，心理專家分析，從襪子中也能看出一個女人為人處世的原則：

1、褲襪

這是絕大多數人的選擇。這種人跟著潮流走，緊抓住時尚的手，但在衣著及生活習慣方面，她不會有反傳統的舉止。她們的家庭觀念相當重，在可能的範圍之內，她們會盡力支持家人。雖然並非有回報上的因果關係，但在另一方面，她們也需要男人們的愛護。

這種類型的人重視人際關係，常常給人彬彬有禮，談吐得體的印象。她深知若要人敬己，先要己敬人的道理。她們的情緒波動並不是太大，因此一般人覺得與她們相處並不困難。但她們對生活的投入往往因為生計關係，而並非是對生活的熱愛。

2、吊帶襪

這種類型的人希望給人留下更性感更有女人味的印象。她們不甘心做個平凡的女人，希望自己與眾不同。她們的朋友大多是時尚的，跟他們走在一起她希望自己成為旁人注目的對象。

待在辦公室工作會令這一類型的人悶得發瘋，因此除非環境所逼，否則她們寧願在街邊擺攤賣東西。在事業方面，她們經常有些新穎、富於創意的念頭，但由於她們缺乏堅定的立場，做事沒有耐心，所以成就不大。

做個特殊的女人固然有趣，但真理向前一步就是謬誤，切忌矯枉過正，否則很容易成為眾人排擠的對象。

3、短絲襪

短絲襪，即只有一般絲襪四分之三的長度。這類型的人貪圖舒服方便，明知穿著裙子坐下的時候，人家會看見絲襪的盡頭，但她拒絕對別人的雅俗評價做任何反應。這一類型的人自認為的執著常被人們看做固執，但她們會認為自己只不過是堅持原則而已，她們尚未覺察的是自己已生活在原則之中。她們曾經多次被人批評說難以相處，但自己並沒有好好地去反省一下，反而將責任旁置。她們的解釋是：這些人根本不懂得欣賞。這一類型的人如果已經結婚，她的配偶及子女會覺得她是暴君，因為在家裡她往往約法數章。

不過，相信最令人受不了的，是她們的自私，她們不肯在別人身上花一分錢，除非她們確定自己會得到相當的回報；她們不肯無條件地去愛護身邊的人，除非人家率先向她們付出無限的愛。

4、平價絲襪

便宜就好。這種類型的人喜歡求新，重量不重質。選擇職業時，會首先考慮薪水的問題，然後，才會考慮興趣與發展空間等問題。

而在婚姻問題上態度也差不多。她們不想過了三〇歲仍然獨守空房，所以她們在交朋友的第一次握手時，往往就在有目的地培養夫妻感情。而且，她們很重視未來配偶是否有良好的經濟基礎。

5、有色絲襪

主要是指紅、綠、紫、黃、藍等顏色的絲襪。此類人希望衣服和絲襪的顏色相映生輝，因為她們是個極端注重本身儀容的人。在選擇職業方面，她們可以考慮公關之類的工作，因為她們的適應能力頗強，可以在大多數的社交圈子中如魚得水。有些朋友會覺得她虛偽，因為她們很少講出內心的感受，還有意無意之間避免與人有過度密切的溝通。

63 耳環：芳心的玲瓏點綴

經過長期觀察、研究，心理學家發現，不同性格的人對不同形式的耳環均有一種特別的喜好，這其實反映出人們希望借此尋求一種內心世界與外在美的和諧協調。美國著名心理學家伊莉尼認為，透過女性佩戴的耳環不僅能看出她的愛好和眼光，還可以反映出她的性格。

1、金耳環

戴金耳環的人，往往是頗有自信心、性格外向並對人友善的人。有欣賞好東西的口味，但性格不太外向，注意約束自己，不是態度隨便的人。

2、銀耳環

喜歡戴銀耳環的人是有秩序的人，做事喜歡按照事先制定好的規則，尤其是每天的例行工作。

3、家傳耳環

有些女性喜歡戴家傳耳環、舊式耳環，而絕不戴現代新潮的耳環，這類人是熱衷家庭、忠於家人的，對朋友也非常忠誠。

4、顯眼的耳環

喜歡戴很大、很顯眼的耳環的人，大多是無憂無慮的人，很有幽默感，喜歡在眾人中突出自己。受人歡迎，也樂於助人，能與人善處。

5、藝術品耳環

有人喜歡買手工做的耳環，或是自製的耳環，每件都是與眾不同的，這類人是有創造性的人，如果向文藝或戲劇方面發展或搞建築工作，肯定會有成就。

6、宗教耳環

有人愛戴一個小十字架或其他宗教意味的小耳環，這類人有很強的內在力量，對自己的素質引以為榮。為人是實際務實的，不希望有炫耀成分的耳環在

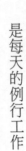

身上，更不戴假耳環。

7、假耳環

耳朵上戴著成串的紅寶石、綠翡翠，其實全是贗品，這種人對自己的外貌很重視，也可能生活上要求甚高，喜愛精品，哪怕是假的。

8、不戴耳環

有些人不戴任何耳環，並不在乎別人滿身珠寶。這種人很實際，她可能是個注意內在的人，並不留心外表，並非無錢購買耳環。

總之，不同的人對耳環的選擇往往大不相同，這在某種程度上，也體現了他們的性格特點和內心世界。

社會大學 31

讀心，停、看、聽：讀懂人心關鍵的63種方法

編　　著　詹志輝
出 版 者　大拓文化事業有限公司
執行編輯　林秀如
封面設計　林鈺恆
內文排版　姚恩涵

總 經 銷　永續圖書有限公司
劃撥帳號　18669219
地　　址　22103 新北市汐止區大同路三段一九十四號九樓之一
TEL (〇二)八六四七—三六六三
FAX (〇二)八六四七—三六六〇
E-mail yungjiuh@ms45.hinet.net
網　　址　www.foreverbooks.com.tw

CVS代理　美璟文化有限公司
TEL (〇二)二七二三—九九六八
FAX (〇二)二七二三—九六六八

法律顧問　方圓法律事務所　涂成樞律師

出 版 日◇二〇二〇年二月

國家圖書館出版品預行編目資料

讀心,停、看、聽：讀懂人心關鍵的63種方法 /
詹志輝編著. -- 一版. -- 新北市：大拓文化, 民109.02
面；　公分. -- (社會大學系列；31)
ISBN 978-986-411-113-8(平裝)
1.行為心理學 2.肢體語言
176.8　　108022099

謝謝您購買 讀心，停、看、聽：讀懂人心關鍵的63種方法 這本書！

即日起，詳細填寫本卡各欄，對折免貼郵票寄回，我們每月將抽出一百名回函讀者寄出精美禮物，並享有生日當月購書優惠！

想知道更多更即時的消息，歡迎加入"永續圖書粉絲團"

您也可以利用以下傳真或是掃描圖檔寄回本公司信箱，謝謝。

傳真電話：（02）8647-3660　　信箱：yungjiuh@ms45.hinet.net

☺ 姓名：　　□男　□女　　□單身　□已婚

☺ 生日：　　□非會員　　□已是會員

☺ E-Mail：　　電話：（　）

☺ 地址：

☺ 學歷：□高中及以下　□專科或大學　□研究所以上　□其他

☺ 職業：□學生　□資訊　□製造　□行銷　□服務　□金融

□傳播　□公教　□軍警　□自由　□家管　□其他

☺ 您購買此書的原因：□書名　□作者　□內容　□封面　□其他

☺ 您購買此書地點：　　金額：

☺ 建議改進：□內容　□封面　□版面設計　□其他

您的建議：

廣告回信
基隆郵局登記證
基隆廣字第57號

新北市汐止區大同路三段一九四號九樓之一

大拓文化事業有限公司收

請沿此虛線對折免貼郵票，以膠帶黏貼後寄回，謝謝！